『賛否両論』笠原将弘の
味づくり虎の巻

だし・たれ・合わせ調味料 275
＋便利な作りおき 52
＋活用料理 121

柴田書店

はじめに

この本では、『賛否両論』で使用しているだしやたれ、合わせ調味料を多数ご紹介しています。
修業時代に覚えた定番的なものも、『賛否両論』を開いてから、いろいろ工夫して作ってきたものもありますが、どれも今の店のスタイルに合った配合や作り方になっています。
なかには完全に「和」ではないものもありますが、これは海外にいった際にヒントを得て作ってみたものや、他ジャンルの料理人さんに教わって、自分なりにアレンジしたものなどです。

『賛否両論』のような低価格帯の店では、食材を上手に使うことがとても重要で、いかに無駄を出さずに食材を活かしきるかを、常に考えます。
たとえば残った野菜の切れ端や、味はいいけれど少し形の悪い野菜なども、ピューレにすれば、とても価値のある料理のパーツになります。おいしい旬のときに安く大量に仕入れたときや、いただきものがあったときなどにも便利です。

『賛否両論』では基本的に1種類のコース料理を用意しています。
コースの中に嫌いな食材があった方や、同じメニューの期間中に再度いらしていただいたお客様には、臨機応変に対応することが必要になります。
そんなとき、まったく別の料理をいちから作るのは難しくても、調味料で変化をつけることはそれほど大変ではないでしょう。魚を何種類も揃えておくことは無理であっても、つけだれを何種類か用意しておけば、たとえば同じ鯛でも、まったく違う味で食べていただけます。

後半では、作っておくと便利な「料理屋の作りおき」をご紹介しています。
これも、僕たちのお助けアイテム。コース料理用に仕込んでおくものもありますし、もうちょっとなにか食べたいといった、お客様の要望にも対応できます。
そのまま一品料理として使えるものもありますし、いろいろな料理に展開できるものもあって便利です。少人数で営業しているお店なら、特に重宝するものではないかと思います。

この本でご紹介したのは、どれも『賛否両論』の味をつくる大切な要素です。僕の料理の「虎の巻」を、どうぞお役立てください。

『賛否両論』
笠原将弘

目次

> だし・たれ・合わせ調味料

だし

一番だし　13
二番だし　13
昆布だし　14
いりこだし　14
しいたけだし　15
鯛だし　15
　◎鯛かぶら　15
ふぐだし　16
　◎ふぐにゅうめん　16
すっぽんだし　17
　◎丸鍋　17
あさりだし　18
　◎あさり、菜の花　煮浸し　18
海老だし　19
蟹だし　19
　◎蟹もずく雑炊　19
金目鯛だし　20
　◎金目鯛　白湯ラーメン　21
鶏ガラだし　22
鶏ガラ白湯だし　22
　◎鶏、白菜　水炊き風　23
野菜だし　24
ドライトマトだし　24

調味だし

吸い地　26
　◎帆立しんじょうのお椀　26
お浸し地　27
　◎緑野菜のお浸し　27
旨だし　27
八方地　28
塩八方地　28
揚げ出し地　29
　◎ぶりとアボカド揚げ出し　29
麺つゆ（冷製・かけ用）　30
　◎クレソンおろしそば　30
麺つゆ（冷製・つけ用）　30
塩麺つゆ（冷製・かけ用）　31
塩麺つゆ（冷製・つけ用）　31
麺つゆ（温製用）　32
　◎牡蠣南蛮そば　33
塩麺つゆ（温製用）　32
うどんつゆ（関東風・かけ用）　34
うどんつゆ（関西風・かけ用）　34
鍋地　35
　◎豚ねぎ鍋　35
鍋だし（味噌）　36
　◎鮭じゃが鍋　37
鍋だし（塩）　36
丼地（玉子とじ・関東風）　38
　◎あぶり親子丼　38
丼地（玉子とじ・関西風）　38
牛丼地　39
　◎トマト牛丼　39
割り下　39
煮魚地（白身魚用）　40
　◎金目鯛と焼き豆腐の煮付け　40
煮魚地（青魚用）　40
穴子地　41
　◎煮穴子　きゅうりサラダ添え　41
あら炊き地　42
　◎鯛かぶと煮　42
さば味噌地　42
海老地　43
白煮地　43
おでん地　44
含め煮地　44
しぐれ煮地　45
きんぴら地　45

ご飯炊き地・寿司酢

醬油飯地　47
　◎鯛飯　47
薄口飯地　48
白醬油飯地　48
塩飯地　49
　◎雲子と鱈の炊き込みご飯　49
赤ワイン飯地　50
　◎牛にぎり寿司　51
茶飯地　50
寿司酢（にぎり用）　52
寿司酢（ちらし用）　52
黒寿司酢　53
レモン寿司酢　53

たれ・ソース・漬け床・漬け地

魚だれ　55
肉だれ　55
焼きとりだれ　56
　◎焼きとり　56
うなぎだれ　56
柚庵地　57
　◎さば柚庵焼き　きんかんおろし　57
味噌柚庵地　57
若狭地　58
利久地　58
南蛮焼きだれ　59
　◎ぶりの南蛮焼き　59
山椒焼きだれ　60
　◎牛いちぼ　山椒焼き　60
生姜焼きだれ　61
焼き肉だれ　61
バーベキューソース　62
黄身焼き地　62
　◎いか黄身焼き　62
うに焼き地　63
　◎帆立うに焼き　63

うにソース　64
あわび肝ソース　64
和風トマトソース　65
オイスタークリームソース　65
天丼のたれ　66
粕漬け床　66
味噌床（合わせ味噌）　67
味噌床（白味噌）　67
いくら漬け地　68
まぐろ漬け地　68
白身漬け地　69
数の子漬け地　69
南蛮漬け地（塩）　70
　◎鰆の南蛮漬け　70
南蛮漬け地（醬油）　71
ピクルス地　71

合わせ味噌

玉味噌（白）　73
玉味噌（赤）　73
玉味噌（田舎）　74
炒め味噌　74
　◎豚ばらとなすの味噌炒め　75
柚子味噌　76
　◎かぶのふろふき　76
木の芽味噌　77
　◎竹の子と車海老　木の芽味噌和え　77
胡麻味噌　78
黒胡麻味噌　78
南蛮味噌　79
胡桃味噌　79
　◎アスパラの胡桃味噌がけ　79
トマト味噌　80
酢味噌　80
辛子酢味噌　81
　◎ほたるいかのぬた　81
泥酢味噌　81

炒め玉ねぎ味噌　82

山椒味噌　82

梅味噌　83
　◎鶏のあぶり焼き　梅味噌がけ　83

バター味噌　84
　◎じゃがいものバター味噌煮　84

きのこ味噌　85

かぼちゃ味噌　85

韓国風酢味噌　86
　◎韓国風刺身　86

合わせ酢・ドレッシング

ポン酢（通年）　88

春ポン酢　88
　◎春キャベツと豚しゃぶのポン酢がけ　88

夏ポン酢　89

秋ポン酢　89

冬ポン酢　90

塩ポン酢　90

二杯酢　91

三杯酢　91

土佐酢　92

加減酢　92

甘酢　93

蟹酢　93

なまこ酢　94

胡麻酢　94

ちり酢　95
　◎ぶりたたき　ちり酢がけ　95

柿酢　96
　◎生牡蠣　柿酢がけ　96

桃酢　96

白酢　97

黄身酢　97
　◎蟹とフルーツトマト　黄身酢がけ　97

土佐酢ドレッシング　98

おろし野菜ドレッシング　98

粗塩ドレッシング　99

塩昆布ドレッシング　99
　◎白菜、九条ねぎ、しらすの塩昆布サラダ　99

生姜ドレッシング　100
　◎鶏砂肝とエリンギのサラダ　101

はちみつレモンドレッシング　100

胡麻ドレッシング　102

梅ドレッシング　102

マヨネーズ　103

オーロラソース　103

和風タルタルソース　104
　◎さば、帆立、たらの芽　ミックスフライ　和風タルタル添え　104

ジュレ・あん

だしジュレ　106
　◎新玉ねぎ豆腐　生うに、菜の花　だしジュレがけ　106

土佐酢ジュレ　107
　◎魚介と若布の土佐酢ジュレがけ　107

ポン酢ジュレ　108

塩ポン酢ジュレ　108

生青海苔ジュレ　109

紅いも酢ジュレ　109

すだちジュレ　110
　◎緑野菜のすだちジュレがけ　110

新生姜ジュレ　111

かぶみぞれジュレ　111

きゅうりジュレ　112
　◎いかともずくのきゅうりジュレがけ　112

トマトジュレ　112

べっこうあん　113

銀あん　113

旨だしあん　114
　◎湯葉しんじょうの旨だしあんがけ　114

みぞれあん　115

甘酢あん　115
梅あん　116
　◎梅茶碗蒸し　116
白味噌あん　116

和え衣
胡麻和え衣　118
　◎うるい、菜の花　胡麻和え　118
胡麻クリーム　118
鯛茶用胡麻だれ　119
梅胡麻　119
白和え衣（胡麻）　120
白和え衣（クリーム）　120
白和え衣（チーズ）　121
　◎いちごの白和え　121
胡桃和え衣　122
　◎金時にんじんとローストビーフ
　　胡桃和え　122
胡桃だれ　123
梅和え衣　123
練り酒盗　124
　◎あおりいか、紅芯大根、練り酒盗がけ　124
からすみ塩昆布　125
　◎白身魚造り　からすみ塩昆布　125
長いも柚子胡椒　126
生姜一味　126
辛子和え衣　127
卯の花和え衣　127
まさご和え衣　128
酒粕和え衣　128
玉子の素　129
玉子そぼろ　129
　◎車海老、せり、しいたけ　そぼろ和え　129

揚げ衣
天ぷら衣　131
金ぷら衣　131
ベニエ衣　132
黒胡麻衣　132
青海苔衣　133
　◎白魚の磯辺揚げ　133
きなこ衣　133
白扇揚げ衣　134
ドーナッツ衣　134
おかき揚げ衣　135
　◎ごぼう、アボカド　おかき揚げ　135
木の実揚げ衣　135

つけ醤油・つけ塩
造り醤油　137
割り醤油　137
納豆醤油　138
　◎かつおの納豆醤油丼　138
海苔醤油　139
　◎ぶりと長いものとんぶり和え　139
胡麻醤油　140
　◎胡麻さば　140
梅醤油　140
レモン醤油　141
煎り酒　141
　◎平目昆布締め　煎り酒がけ　141
玉ねぎ醤油　142
　◎牛たたき　玉ねぎ醤油　142
竹の子醤油　143
　◎さよりの造り　竹の子醤油　143
ごぼう醤油　143
春菊醤油　144
　◎蟹とえのきの春菊和え　144
トマト醤油　144
セロリ醤油　145
焼きなす醤油　145
　◎鯵と焼きなす　タルタル仕立て　145
しいたけ醤油　146
松茸醤油　146

◎かます棒寿司　松茸醬油　147
うに醬油　148
酒盗醬油　148
黒にんにく醬油　149
黒胡麻辛子醬油　149
卵黄醬油　150
　◎甘海老、卵黄醬油ご飯　150
ふわふわ卵黄醬油　151
　◎ホワイトアスパラ　ふわふわ卵黄醬油がけ
　　151
山椒塩　152
ゆかり塩　152
　◎手羽焼き　ゆかり塩　レモン　152
カレー塩　153
抹茶塩　153
胡麻一味塩　154
塩黒胡椒胡麻油　154
塩わさび　155
　◎鶏レバーあぶり焼き　塩わさび　155

変わりおろし

黄身おろし　157
　◎鴨の照り焼き　九条ねぎ添え　黄身おろし
　　157
きゅうりおろし　158
　◎ほっき貝あぶり　きゅうりおろし和え　158
にんじんおろし　158
山いもおろし　159
ゴーヤおろし　159
春菊おろし　160
　◎まぐろのたたき　春菊おろし和え　160
菜の花辛子おろし　160
木の芽おろし　161
　◎竹の子と鯛の唐揚げ　木の芽おろし　161
ホワイトセロリおろし　162
モロヘイヤおろし　162
合わせ薬味おろし　163

海苔わさびおろし　163
しば漬けおろし　164
　◎ささみ湯引き　しば漬けおろし　164
ペコロス酒盗おろし　164
粒マスタードおろし　165
　◎サーモン利久焼き　粒マスタードおろし
　　165
りんごおろし　166
　◎豚の西京焼き　クレソン　りんごおろし　166
みかんおろし　167
梨大葉おろし　167
キウイおろし　168
巨峰おろし　168

野菜ピューレ

じゃがいもピューレ　170
かぶピューレ　170
新玉ねぎピューレ　171
　◎帆立あぶり焼き　新玉ねぎピューレ　171
里いもピューレ　172
　◎豚角煮　里いもピューレ　173
白菜ピューレ　172
　◎白菜のすり流し　雲子の天ぷら　173
ごぼうピューレ　173
燻製焼きなすピューレ　174
　◎穴子のベニエ衣揚げ　燻製焼きなすピューレ
　　174
きのこピューレ　175
りんごピューレ　175
緑野菜のピューレ　176
春菊ピューレ　176
にらピューレ　177
　◎かつおたたき　にらピューレ　177
そら豆ピューレ　178
　◎そら豆そうめん　179
とうもろこしピューレ　178
　◎車海老、枝豆　もろこし和え　179

かぼちゃピューレ　179
焼きトマトピューレ　180
金時にんじんピューレ　180
梅すいかピューレ　181
　◎水だこたたき　梅すいかすり流し　181

デザート用ソース
サバイヨンソース　183
アングレーズソース　183
いちごソース　184
　◎ミルクプリン　いちごソース　184
パイナップルソース　185
つぶつぶグレープフルーツソース　185
キウイソース　186
　◎蒸しチーズケーキ　キウイソース　186
あんずソース　187
　◎フルーツトマト　あんずソースがけ　187
みりんソース　187
抹茶ソース　188
きなこクリーム　188
みたらしあん　189
　◎大学いものアイスクリーム　みたらしあん　189
黒みつ　190
白みつ　190
チョコ黒みつ　191
　◎バナナ豆腐　チョコ黒みつ　191
梅酒ジュレ　192
カンパリジュレ　192
　◎カンパリみかん　193
白ワインジュレ　194
　◎大葉シャーベット、メロン　白ワインジュレがけ　194
粒あん　195
あずきクリーム　195
ずんだあん　196
　◎ずんだ餅　196

便利な作りおき

焼きなす煮浸し　198
　◎焼きなす煮浸し　生うにのせ　198
さつまいもレモン煮　199
かぼちゃ含め煮　200
管ごぼう　201
　◎管ごぼうのあん肝詰め　201
かぶ千枚漬け風　202
　◎かぶ千枚漬け寿司　203
大根お浸し　204
たたきおくら　205
　◎いかおくら　205
竹の子含め煮　206
　◎竹の子唐揚げ　若布おろし　206
金時にんじんきんぴら　207
里いもチップス　208
れんこん餅　209
　◎れんこん揚げまんじゅう　蟹あんかけ　209
白菜芥子漬け　210
きゅうり、なす福神漬け　211
みょうが甘酢漬け　212
紅芯大根はちみつ漬け　213
ふきのとう味噌　214
　◎焼き厚揚げ　ふき味噌のせ　214
菜の花昆布締め　215
　◎菜の花昆布締め　平目巻き　215
長いもの味噌漬け　216
炒めきのこ　217
　◎炒めきのことベーコンの炊き込みご飯　217
かんぴょう煮　218
　◎かんぴょう、かまぼこ　わさび和え　218
どんこしいたけ煮　219
湯葉煮浸し　220
油揚げ甘煮　221

◎一口いなり寿司　221
りんごみりん炊き　222
　◎りんごもなか　222
小鯛山椒煮　223
鯛の桜葉締め　224
　◎鯛桜締め　桜餅仕立て　224
鯵酢締め　225
　◎鯵薬味海苔巻き　225
さばのスモーク　226
　◎さばスモーク、柿、春菊サラダ　227
穴子一夜干し　228
　◎穴子の一夜干し　クレソン和え　228
ちりめん山椒　229
いかの塩麹漬け　230
たこ桜煮　231
海老しんじょう　232
　◎海老しんじょう揚げ　232
あわびやわらか煮　233
煮帆立　234
牡蠣のオイル漬け　235
はまぐり酒蒸し浸し　236
　◎はまぐり磯辺焼き　236
雲子南蛮漬け　237
若布お浸し　238
鶏そぼろ　239
　◎ミニ鶏そぼろ丼　239
鶏つくね　240
　◎鶏つくね　黄にらあんかけ　240
鶏味噌　241
　◎鶏味噌　ジャージャーうどん　241
ゆでささみ　242
　◎ささみ、根三つ葉　海苔和え　242
鴨ロース　243
　◎鴨ロースとねぎのサラダ　243
フォアグラの味噌漬け　244
　◎フォアグラソースせんべい　梅ジャム添え　245

豚の西京漬け　246
ローストビーフ　柚庵風味　247
胡麻豆腐　248
　◎焼き胡麻豆腐　248
擬製豆腐　249
カステラ玉子　250
冷凍卵黄　251
　◎冷凍卵黄　塩昆布まぶし　251
飯蒸し　252
　◎からすみ飯蒸し　252

補足レシピ　254

だし・たれ・合わせ調味料索引（五十音順）　278
便利な作りおき索引（五十音順）　282
活用料理索引（材料別）　283

・本書中の大さじ1は15cc、小さじ1は5ccです。
・分量はそれぞれ、作りやすい量になっています。
・分量は、容量表記になっているものと、割合表記になっているものがありますが、これは、『賛否両論』で使いやすい表記をそのままご紹介しているためです。
・材料中、単に「だし」とある場合は、基本的に二番だしを使用しています。
・作り方の下に記した「用途」や活用料理は、あくまでも例です。いろいろな使い方を試してみてください。
・それぞれの保存期間は、お店の保存環境により変わります。本書に記した期間は、あくまでも目安としてください。

撮影　海老原俊之
デザイン　中村善郎（yen）
編集　長澤麻美

だし・たれ
合わせ調味料

素材とともに、料理の味をつくります。だし、調味だし、ご飯炊き地・寿司酢、たれ・ソース・浸け床・漬け地、合わせ味噌、合わせ酢・ドレッシング、ジュレ・あん、和え衣、揚げ衣、つけ醤油・つけ塩、変わりおろし、野菜ピューレ、デザート用ソースの順にご紹介しています。

だし

旨みの出る素材を水で煮出したり、浸けたりしてとるだしは、日本料理の味のベースになる重要な存在です。素材は植物性のものと動物性のものがあり、作る料理により使い分けます。

一番だし

水…1ℓ
だし昆布…10g
かつお節…30g

水に昆布を入れて弱火にかけ、ゆっくり加熱する。70℃ほどになったら昆布をとり出し、強火にする。沸いたら火を止め、かつお節を入れる。1分ほどしたら漉す（かつおのえぐみ、酸味、くさみが出るので絞らない）。
＊昆布を入れたら沸かさないこと。また、かつお節を入れたらかき混ぜたりしないこと（濁る原因になる）。

◎用途
かつお節と昆布のよいところだけをとり出した、香りと喉ごし重視のピュアなだし。吸い物に使用する。

◎保存
風味が落ちるので、その日に使う分をなるべくこまめにとり、その日のうちに使い切る。

二番だし

水…1ℓ
一番だし（左記参照）のだしがら…全量
かつお節…10g

すべてを鍋に入れ、強火にかける。沸いたら弱火にし、15分煮出す。漉す（絞ってよい）。
＊風味が弱ければ、もう少し煮出してもよい。

◎用途
味噌汁、煮物全般に。

◎保存
粗熱がとれたら、すぐに冷蔵庫に入れて保存する。2日以内に使い切る。

だし

昆布だし

水…1ℓ
だし昆布…30g

水に昆布を浸け、3時間以上おく。そのまま弱火にかけて、ゆっくり加熱する。70℃ほどになったら昆布をとり出す。

◎用途
精進料理全般に。かつおの風味を加えたくない魚介料理、肉料理などにも。

◎保存
冷蔵庫で3日間。

いりこだし

水…1ℓ
煮干し（いりこ）…50g
だし昆布…5g

煮干しは頭とはらわたをとる。煮干しと昆布を水に入れ、強火にかける。沸いたらアクをとり、弱火にして15分煮出す。漉す。

◎用途
そば、うどんのだしに。味噌汁に。

◎保存
冷蔵庫で2日間。

しいたけだし

水…1ℓ
干しシイタケ…5枚
だし昆布…5g

干しシイタケはさっと洗い、15分ほど水（分量外）に浸けておく。水を捨て、新たな水1ℓに、だし昆布とともに浸けて、一晩おく。漉す。

◎用途
精進料理全般に。きのこを使った炊き込みご飯、麺などに。

◎保存
冷蔵庫で3日間。

鯛だし

水…1ℓ
酒…100cc
鯛のアラ（中骨、腹骨）…1尾分
だし昆布…10g
塩…少量

1　鯛のアラは軽く塩をふり、こんがり焼く。
2　鍋に水、酒、だし昆布、1のアラを入れて強火にかける。沸いたらアクをとって弱火にし、15分煮る。漉す。

◎用途
鯛の潮汁、鯛にゅうめんのだし。鯛かぶらなどに。

◎保存
冷蔵庫で2日間。

「鯛だし」で作る
鯛かぶら
作り方＞ p.254

ふぐだし

水…1ℓ
酒…100cc
ふぐのアラ…1尾分
だし昆布…10g

1　ふぐのアラはよく洗い、水気をふく。
2　鍋に水、酒、だし昆布、1のアラを入れて強火にかける。沸いたら弱火にし、20分煮る。漉す。

◎用途
ふぐ鍋、ふぐ雑炊に。ジュレにして、ふぐを使った前菜などに。

◎保存
冷蔵庫で2日間。

「ふぐだし」で作る
ふぐにゅうめん

（2人分）
そうめん…3把
ふぐのアラ…適量
A
├ ふぐだし…400cc
├ 薄口醤油…大さじ1½
└ みりん…大さじ1
薬味（みょうが、芽ネギ、スプラウト）
　…適量
一味唐辛子…少量

1　みょうがはせん切りに、芽ネギとスプラウトは3等分に切る。合わせて水にさらしてシャキッとさせ、水気をしっかり切る。
2　そうめんはゆでて、水でもみ洗いし、水気を切っておく。
3　Aとふぐのアラを鍋に入れて火にかけ、2を加え、温める程度に熱する。
4　器に盛って1の薬味をのせ、一味唐辛子をふる。

すっぽんだし

水…1.8ℓ
酒…900cc
すっぽん…1パイ
だし昆布…10g
薄口醤油、塩、みりん…各少量

1　すっぽんはさばいて霜降りし、皮をむく。
2　鍋に水、酒、だし昆布、1のすっぽんを入れて強火にかける。沸いたらアクをとり、弱火にして1時間炊く。
3　薄口醤油、塩、みりんで味を調え、更に15分ほど炊く。漉す（漉した後のすっぽんの身は、料理に使用する）。

◎用途
丸鍋、丸吸い、茶碗蒸し、雑炊に。冷やしてジュレ状にし、前菜などに。

◎保存
冷蔵庫で3日間。

「すっぽんだし」で作る
丸鍋

（2人分）
すっぽんの身（炊いたもの。左記参照）
　…適量
長ネギ…1/2本
生姜（すりおろし）…少量
すっぽんだし…適量

1　長ネギは直火で焼いて焼きネギにし、5cm長さに切る。
2　丸鍋にすっぽんだし、すっぽんの身、1を入れて火にかけ、煮立たせる。
3　食べる直前に、おろし生姜と絞り汁を加える。

だし

あさりだし

水…1ℓ
酒…200cc
あさり（殻付き）…300g
だし昆布…5g
塩…ひとつまみ

1　あさりは砂抜きし、皮をこすり洗いする。
2　鍋に1のあさりと他の材料をすべて入れ、強火にかける。沸いたらアクをとり、弱火にして5分煮る。漉す（漉した後のあさりの身は、殻からむき出して料理に使用する）。

◎用途
炊き込みご飯、吸い物、野菜の炊き地などに。

◎保存
冷蔵庫で2日間。

「あさりだし」で作る

あさり、菜の花　煮浸し

（2人分）
菜の花…1把
あさり（だしをとった後のむき身。左記参照）…適量
塩…少量
A
├ あさりだし…300cc
├ 薄口醤油…大さじ1
└ みりん…大さじ1

1　Aを合わせてひと煮立ちさせ、冷ましておく。
2　菜の花を固めに塩ゆでし、1に漬けて3時間以上おく。だしをとった後のあさりの身も、殻からはずして漬けておく。
3　2を器に盛り付ける。

海老だし

水…1ℓ
えびの頭…200g
だし昆布…5g

1　えびの頭はオーブンで香ばしく焼く。
2　鍋に水と1、だし昆布を入れて強火にかける。沸いたらアクをとり、弱火にして15分煮る。漉す。

◎用途
えびを使った料理のスープやあんに。野菜の炊き地などに。

◎保存
冷蔵庫で2日間。

蟹だし

水…1ℓ
酒…100cc
かにの殻（むいたもの）
　…1パイ分（約300g）
塩…ひとつまみ
だし昆布…5g
長ネギ（青い部分）…1本分

すべての材料を鍋に入れて強火にかける。沸いたら弱火にし、30分煮る。漉す。

◎用途
炊き込みご飯、吸い物、茶碗蒸しなどに。

◎保存
冷蔵庫で2日間。

「蟹だし」で作る
蟹もずく雑炊
作り方＞p.254

だし

金目鯛だし

水…2ℓ
酒…200cc
金目鯛のアラ…1尾分
玉ネギ(薄切り)…1/2個分
だし昆布…10g

1　金目鯛のアラは、塩をひとつまみ(分量外)ふってこんがり焼く。
2　すべての材料を鍋に入れ、強火にかける。沸いたらアクをとり、木ベラでつぶしながら、強火で20分煮出す。
3　ボウルなどにのせたザルにあけ、上から木ベラを押しつけながら漉す。

◎用途
ブイヤベースのようなスープ仕立ての料理、ラーメンなどに。

◎保存
冷蔵庫で2日間。

「金目鯛だし」で作る
金目鯛　白湯(パイタン)ラーメン

(2人分)
金目鯛(上身)…100g
中華麺…2玉
塩…少量
A
├ 金目鯛だし…400cc
├ 薄口醤油…大さじ1
├ みりん…大さじ1
└ 塩…少量
わかめ(塩蔵を戻し、湯通ししたもの)
　…少量
万能ネギ(小口切り)…少量
黒コショウ…少量

1　金目鯛の身は食べやすく切り、塩をあてて30分ほどおき、沸騰湯にさっとくぐらせて霜降りしておく。
2　Aを合わせてひと煮立ちさせ、1を入れてさっと火を入れる。
3　中華麺をゆでて丼に入れ、2を注ぎ、わかめと万能ネギを添えて黒コショウをふる。

だし

鶏ガラだし

水…2ℓ
鶏ガラ…1羽分（約500g）
玉ネギ（薄切り）…1個分
だし昆布…10g
塩…少量

1　鶏ガラは掃除して、霜降りする。
2　すべての材料を鍋に入れて火にかける。沸いたらアクをとり、弱火にして30分煮出す。漉す。

◎用途
炊き込みご飯、吸い物、茶碗蒸し、野菜の炊き地に。冷やしてジュレにし、前菜などに。

◎保存
冷蔵庫で3日間。

鶏ガラ白湯（パイタン）だし

水…2ℓ
酒…200cc
鶏ガラ…1羽分（約500g）
玉ネギ（薄切り）…1個分
白菜（ざく切り）…150g
だし昆布…10g
塩…少量

1　鶏ガラは掃除して、霜降りする。
2　すべての材料を鍋に入れて火にかけ、強火でぐらぐら40分煮る。木ベラで骨を砕き、更に10分煮る。
3　ボウルなどにのせたザルにあけ、上から木ベラを押しつけながら漉す。

◎用途
水炊きのスープ、ラーメンなどに。

◎保存
冷蔵庫で3日間。

「鶏ガラ白湯だし」で作る　**鶏、白菜　水炊き風**

（2人分）
鶏もも肉（正肉）…300g
白菜…1/4把
A
　┌鶏ガラ白湯だし…1.2ℓ
　├薄口醤油…40cc
　├酒…20cc
　└みりん…20cc
万能ネギ（小口切り）…適量
黒コショウ…少量

1　鶏肉は一口大に切る。
2　白菜の葉はざく切りにし、白い部分は繊維に沿って5cm長さの拍子木切りにする。
3　土鍋にAを入れ、1、2を入れて炊く。火が通ったら万能ネギを散らし、黒コショウをふる。

だし

野菜だし

水…2ℓ
玉ネギ…1個
ニンジン…1本
大根…400g
干しシイタケ…2枚
だし昆布…10g
塩…少量

1　玉ネギ、ニンジン、大根は乱切りにする。
2　すべての材料を鍋に入れ、強火にかける。沸いたら弱火にし、30分煮出す。漉す。

◎用途
精進料理全般に。野菜スープ、ラーメン、炊き込みご飯などに。

◎保存
冷蔵庫で3日間。

ドライトマトだし

水…1ℓ
ドライトマト…20g

水とドライトマトを鍋に入れて弱火にかけ、ゆっくり加熱する。沸騰する直前で火を止め、漉す。

◎用途
精進料理全般に。魚や肉を加えた煮込みなどにも。
＊ドライトマトには、昆布と同様グルタミン酸が多く含まれていて旨みが強く、だし昆布と同じように使うことができる。

◎保存
冷蔵庫で5日間。

調味だし

だしや水に醤油、酒、みりんなどの調味料を加えて作る、さまざまな炊き地やつゆ、鍋だしなどをまとめました。

調味だし

吸い地

一番だし（p.13参照）…1ℓ
酒…大さじ2
薄口醤油…小さじ2
粗塩…小さじ1/2

合わせてひと煮立ちさせる。

◎用途
お椀、煮物全般に。
＊「吸い地」は、吸い物と同じ味つけをしただし汁のこと。

◎保存
なるべくその日のうちに使い切る。

「吸い地」で作る
帆立しんじょうのお椀

（作りやすい量）
帆立貝柱（生食用）…15個
白身魚のすり身…500g
生青海苔…大さじ2
卵白…1個分
煮切り酒…200cc
片栗粉…適量
塩…適量
吸い地…適量
わかめ（塩蔵を戻し、さっと湯通ししたもの）…適量
黄柚子皮（松葉切り）…適量

1　帆立貝柱は2cm角ほどに切り、片栗粉をまぶしておく。
2　フードプロセッサーにすり身、卵白、塩を入れて攪拌する。
3　2に煮切り酒を加えながら攪拌してのばし、生海苔を加える。
4　1をその都度入れながら、3を丸にとり、バットに並べる。
5　蒸気の上がった蒸し器に入れ、中火で10〜15分ほど蒸す。
6　5を椀に入れ、吸い地を張る。わかめを添え、黄柚子の皮をのせる。

お浸し地

割合:
- 二番だし（p.13参照）…12
- 薄口醤油…1
- みりん…1

合わせてひと煮立ちさせる。冷ましてから使用する。

◎用途
野菜のお浸し全般に。
＊p.118、p.129、p.228の料理にも使用している。

◎保存
冷蔵庫で3日間。

旨だし

割合:
- 二番だし（p.13参照）…6
- 濃口醤油…1
- みりん…1

合わせてひと煮立ちさせる。

◎用途
天つゆ、麺つゆに。冷やっこ、ゆで野菜のかけ地などに。

◎保存
冷蔵庫で3日間。

「お浸し地」で作る
緑野菜のお浸し
作り方＞ p.255

調味だし

八方地

割合:
- 二番だし(p.13参照)…8
- 薄口醤油…1
- みりん…1

合わせてひと煮立ちさせる。

◎用途

天つゆ、麺つゆに。煮物全般に。
＊「八方だし」とも呼ばれる。さまざまな料理に（八方に）使えるところからの名。

◎保存

冷蔵庫で3日間。

塩八方地

割合:
- 二番だし(p.13参照)…8
- 塩…0.2
- みりん…1

合わせてひと煮立ちさせる。

◎用途

天つゆ、麺つゆに。煮物全般（色をつけたくない料理）に。

◎保存

冷蔵庫で3日間。

揚げ出し地

割合：
- 二番だし（p.13参照）…15
- 薄口醤油…1
- みりん…1

合わせてひと煮立ちさせる。

◎用途
揚げ出し豆腐、魚介や肉の揚げ出し、煮物全般に。
＊p.209の料理にも使用している。

◎保存
冷蔵庫で3日間。

「揚げ出し地」で作る

ぶりとアボカド揚げ出し

（2人分）
ぶり（上身）…200g
アボカド…1個
片栗粉…適量
塩…少量
揚げ出し地…200cc
揚げ油…適量
大根おろし…50g
黄柚子皮（あられ切り）…少量

1　ぶりは一口大に切り、塩を少量あてておく。出てきた水分はふきとる。
2　アボカドは種と皮をとり除き、一口大に切る。
3　1、2に片栗粉をまぶし、170℃の油でカリッと揚げる。
4　揚げ出し地を温める。
5　器に3を入れて4をかけ、大根おろしを添える。黄柚子の皮を散らす。

調味だし

麺つゆ（冷製・かけ用）

二番だし（p.13参照）…500cc
濃口醤油…50cc
みりん…50cc
砂糖…小さじ1
かつお節…5g

合わせてひと煮立ちさせ、漉す。粗熱がとれたら、冷蔵庫で冷やす。

◎用途
冷たい麺類全般に。ゆで野菜のかけ地などにも。

◎保存
冷蔵庫で3日間。

麺つゆ（冷製・つけ用）

二番だし（p.13参照）…500cc
濃口醤油…100cc
みりん…100cc
砂糖…小さじ2
かつお節…5g

合わせてひと煮立ちさせ、漉す。粗熱がとれたら、冷蔵庫で冷やす。

◎用途
冷たい麺類全般に。冷やっこ、天つゆなどにも。

◎保存
冷蔵庫で3日間。

「麺つゆ（冷製・かけ用）」で作る
クレソンおろしそば
作り方＞ p.255

塩麺つゆ（冷製・かけ用）

昆布だし（p.14参照）…500cc
みりん…50cc
粗塩…大さじ1/2

合わせてひと煮立ちさせる。粗熱がとれたら、冷蔵庫で冷やす。

◎用途
冷たい麺類全般に。
＊塩麺つゆはかけ用、つけ用とも特に細い麺に合う。また上質のそば粉で作ったそばなど、粉の味を楽しみたいときにもよい。

◎保存
冷蔵庫で3日間。

塩麺つゆ（冷製・つけ用）

昆布だし（p.14参照）…500cc
みりん…100cc
粗塩…大さじ1

合わせてひと煮立ちさせる。粗熱がとれたら、冷蔵庫で冷やす。

◎用途
冷たい麺類全般に。

◎保存
冷蔵庫で3日間。

調味だし

麺つゆ（温製用）

割合：
- 二番だし（p.13参照）…14
- 濃口醤油…1
- みりん…1
- 砂糖…0.2

合わせてひと煮立ちさせる。

◎用途
温かいそば、にゅうめんなどに。

◎保存
冷蔵庫で3日間。

塩麺つゆ（温製用）

割合：
- 二番だし（p.13参照）…14
- みりん…1
- 粗塩…0.2

合わせてひと煮立ちさせる。

◎用途
温かいそば、にゅうめんなどに。

◎保存
冷蔵庫で3日間。

「麺つゆ（温製用）」で作る

牡蠣南蛮そば

（2人分）
- 牡蠣（むき身）…6粒
- そば…2玉
- 長ネギ…1/2本
- 麺つゆ（温製用）…600cc
- 三つ葉（葉）…少量
- 焼き海苔…適量

1　牡蠣は洗って水気を切る。
2　長ネギは食べやすく切る。
3　麺つゆを鍋に入れて温め、1、2を入れてさっと煮る。
4　そばをゆでて丼に入れ、3を注ぐ。三つ葉をのせ、焼き海苔を添える。

調味だし

うどんつゆ
（関東風・かけ用）

割合：
- 二番だし（p.13参照）…14
- しいたけだし（p.15参照）…2
- 濃口醤油…1
- みりん…1

合わせてひと煮立ちさせる。
＊温製にも冷製にも使える。冷製の場合は、粗熱がとれてから冷蔵庫で冷やす。

◎用途
うどん、きしめん、にゅうめんなどに。

◎保存
冷蔵庫で3日間。

うどんつゆ
（関西風・かけ用）

割合：
- 二番だし（p.13参照）…12
- いりこだし（p.14参照）…4
- 薄口醤油…1
- みりん…1

合わせてひと煮立ちさせる。
＊温製にも冷製にも使える。冷製の場合は、粗熱がとれてから冷蔵庫で冷やす。

◎用途
うどん、きしめん、にゅうめんなどに。

◎保存
冷蔵庫で3日間。

鍋地

水…1ℓ
薄口醤油…40cc
みりん…40cc
だし昆布…10g

混ぜ合わせる。

◎用途
寄せ鍋、さっぱりとした煮物全般に。

◎保存
冷蔵庫で3日間。

「鍋地」で作る
豚ねぎ鍋

（2人分）
豚ばら肉（薄切り）…200g
長ネギ…2本
鍋地…1.2ℓ
黄柚子皮（細切り）…少量
一味唐辛子…少量

1　豚肉は食べやすく切る。
2　長ネギは食べやすく切る。
3　土鍋に鍋地を入れて火にかけ、1、2を入れて火が通るまで煮る。黄柚子皮を散らし、一味唐辛子をふる。

調味だし

鍋だし（味噌）

水…1ℓ
信州味噌…大さじ3
白味噌…大さじ2
濃口醤油…大さじ1
みりん…大さじ1
砂糖…大さじ1
だし昆布…10g

混ぜ合わせる。

◎用途
魚介、肉を使った鍋物全般に。

◎保存
冷蔵庫で3日間。

鍋だし（塩）

水…1.2ℓ
粗塩…大さじ1
酒…60cc
みりん…40cc
だし昆布…10g

混ぜ合わせる。

◎用途
魚介、野菜の鍋物に。

◎保存
冷蔵庫で3日間。

「鍋だし（味噌）」で作る

鮭じゃが鍋

（2人分）
生鮭（切り身）…200g
ジャガイモ…4個
玉ネギ…1個
シイタケ…2枚
鍋だし（味噌）…1.2ℓ
塩、黒コショウ…各少量

1　生鮭は一口大に切り、塩をあてて30分ほどおいた後、沸騰湯に通して霜降りし、水気を切っておく。
2　ジャガイモは皮をむいて一口大に切り、水に少しさらしておく。玉ネギは薄切りに、シイタケは1/4に切る。
3　土鍋に鍋だしと2を入れ、火が通るまで弱火で炊く。
4　1を加え、火が通るまで炊く。コショウをふる。

調味だし

丼地（玉子とじ・関東風）

割合：
- 二番だし（p.13参照）…4
- みりん…2
- 濃口醤油…1

混ぜ合わせる。

◎用途
親子丼、かつ丼など、玉子とじ料理全般に。

◎保存
冷蔵庫で3日間。

丼地（玉子とじ・関西風）

割合：
- 二番だし（p.13参照）…10
- 薄口醤油…1
- みりん…1
- 砂糖…0.2

混ぜ合わせる。

◎用途
あっさりとした玉子とじ料理全般に。

◎保存
冷蔵庫で3日間。

「丼地（玉子とじ・関東風）」で作る
あぶり親子丼
作り方＞ p.255

牛丼地

昆布だし（p.14参照）…400cc
砂糖…大さじ2
みりん…大さじ2
薄口醤油…大さじ2
濃口醤油…大さじ2
白ワイン…大さじ2
生姜（すりおろし）…小さじ1

混ぜ合わせる。

◎用途
牛丼、豚丼など、肉を使った丼全般に。

◎保存
冷蔵庫で5日間。

割り下

水…100cc
みりん…200cc
酒…100cc
濃口醤油…100cc
だし昆布…5g

混ぜ合わせる。

◎用途
すき焼き、肉を使った煮物全般に。

◎保存
冷蔵庫で5日間。

「牛丼地」で作る
トマト牛丼
作り方＞p.256

調味だし

煮魚地（白身魚用）

水…400cc
酒…200cc
濃口醤油…60cc
みりん…60cc
砂糖…60g

混ぜ合わせる。

◎用途
白身魚の煮物全般に。

◎保存
冷蔵庫で5日間。

煮魚地（青魚用）

酒…200cc
みりん…200cc
濃口醤油…100cc
砂糖…大さじ2

混ぜ合わせる。

◎用途
青魚の煮物全般に。

◎保存
冷蔵庫で1ヵ月間。

「煮魚地（白身魚用）」で作る
金目鯛と焼き豆腐の煮付け
作り方＞ p.256

穴子地

割合：
- 水…8
- 酒…1
- 濃口醤油…1
- みりん…1
- 砂糖…0.5

混ぜ合わせる。

◎用途
穴子の炊き地。白身魚全般の炊き地に。
＊p.201の料理にも使用している。

◎保存
冷蔵庫で5日間。

「穴子地」で作る
煮穴子 きゅうりサラダ添え

（2人分）
穴子…3本
キュウリ…1本
穴子地…500cc
白すりゴマ…大さじ1
わさび（すりおろし）…少量

1　キュウリはかつらむきにした後せん切りにし、水にさらしてシャキッとさせる。
2　穴子は裂いて、皮目にさっと湯をかけ、包丁でしごいてぬめりをとる。
3　鍋に穴子地を沸かして2を入れ、中火で20分炊く。火を止めてそのまま冷ます。冷めたら地から引き上げ、バットに並べておく。
4　3を一口大に切って器に盛り、水気を切った1のキュウリを白すりゴマで和えてのせ、おろしわさびを添える。

調味だし

あら炊き地

みりん…400cc
水…200cc
酒…200cc
濃口醤油…140cc

混ぜ合わせる。

◎用途
鯛、ぶりなど、魚のあら炊き全般に。鶏手羽や骨付き鶏もも肉の煮物などにも。

◎保存
冷蔵庫で5日間。

さば味噌地

水…400cc
酒…150cc
砂糖…大さじ4
味噌…100g
赤味噌…20g

混ぜ合わせる。

◎用途
さば味噌煮に。他の青魚や鶏肉、豚肉の味噌煮にも。

◎保存
冷蔵庫で5日間。

「あら炊き地」で作る
鯛かぶと煮
作り方＞ p.256

海老地

割合：
- 昆布だし（p.14参照）…20
- 薄口醤油…1
- みりん…1

混ぜ合わせる。

◎用途
えびの含め煮に。
＊p.179の料理に使用している。

◎保存
冷蔵庫で3日間。

白煮地

割合：
- 昆布だし（p.14参照）…20
- 酒…2
- 粗塩…0.5

混ぜ合わせる。

◎用途
白子、貝類、えび、穴子などの煮物に（醤油の色をつけたくないとき）。
＊p.49の料理に使用している。

◎保存
冷蔵庫で3日間。

調味だし

おでん地

割合：
- 二番だし（p.13参照）…20
- 薄口醤油…0.8
- 濃口醤油…0.2
- みりん…1

混ぜ合わせる。

◎用途
おでん、根菜系の煮物、鍋物に。

◎保存
冷蔵庫で3日間。

含め煮地

割合：
- 二番だし（p.13参照）…16
- 薄口醤油…0.5
- 濃口醤油…0.5
- みりん…1

混ぜ合わせる。

◎用途
竹の子、里いも、かぶ、大根、高野豆腐など、じっくり味を含ませたい煮物全般に。
＊p.135の料理に使用している。

◎保存
冷蔵庫で3日間。

しぐれ煮地

水…300cc
酒…200cc
濃口醤油…60cc
砂糖…大さじ2
みりん…大さじ1

混ぜ合わせる。

◎用途
肉のしぐれ煮。あさり、はまぐりなどのしぐれ煮に。
＊しぐれ（時雨）煮は、生姜を使った佃煮。

◎保存
冷蔵庫で5日間。

きんぴら地

割合：
酒…3
濃口醤油…2
砂糖…1

混ぜ合わせる。

◎用途
野菜のきんぴら全般に。
＊素材を油で炒め、しんなりしたらきんぴら地を加えてからめ、白ゴマ、一味唐辛子をふる。

◎保存
冷蔵庫で1ヵ月間。

ご飯炊き地・寿司酢

炊き込みご飯用の合わせ調味料と寿司酢です。米と合わせる素材や、仕上げたい味や色のイメージにより、何種類かを使い分けています。

醤油飯地

割合:
- 昆布だし (p.14参照)…20
- 薄口醤油…1
- 濃口醤油…1
- 酒…2

混ぜ合わせる。

◎用途
ほぼすべての炊き込みご飯に。

◎保存
冷蔵庫で3日間。

「醤油飯地」で作る

鯛飯

(作りやすい量)
鯛(切り身)…100g
塩…少量
米…2合
醤油飯地…360cc
セリ(小口切り)…3本分
煎り白ゴマ…少量

1　鯛の身は、塩焼きにしてほぐす。
2　醤油飯地で米を炊く。蒸らしのときに、1を加える。
3　仕上げにセリと白ゴマを散らす。

ご飯炊き地

薄口飯地

割合：
- 昆布だし（p.14参照）…12
- 薄口醤油…1
- 酒…1

混ぜ合わせる。

◎用途
鯛飯、さんま飯、鮭飯など、焼いた魚を混ぜ込む炊き込みご飯などに。
＊p.217の料理に使用している。

◎保存
冷蔵庫で3日間。

白醤油飯地

割合：
- 昆布だし（p.14参照）…15
- 白醤油…1
- 酒…2

混ぜ合わせる。

◎用途
ほぼすべての炊き込みご飯に。

◎保存
冷蔵庫で3日間。

塩飯地

割合：
- 昆布だし（p.14参照）…12
- 粗塩…0.2
- 酒…1

混ぜ合わせる。

◎用途
豆ご飯、とうもろこしご飯など野菜の炊き込みご飯に（素材の色を活かしたいときに）。

◎保存
冷蔵庫で3日間。

「塩飯地」で作る
雲子と鱈の炊き込みご飯

（作りやすい量）
雲子（鱈の白子）…50g
鱈（切り身）…50g
米…2合
塩飯地…360cc
九条ネギ…1本
黄柚子皮（すりおろし）…少量
塩…少量
白煮地（p.43参照）…適量

1　雲子は掃除して、白煮地で炊いておく。鱈は塩焼きにして、ほぐしておく。
2　塩飯地で米を炊く。蒸らしのときに、1を加える。
3　仕上げに九条ネギのささうち（斜め薄切り）を散らし、黄柚子皮をふる。

ご飯炊き地

赤ワイン飯地

割合：
- 昆布だし（p.14参照）…6
- 赤ワイン…6
- 粗塩…0.1

混ぜ合わせる。

◎用途
牛丼、豚丼などのご飯に。肉料理の付け合わせのご飯に。

◎保存
冷蔵庫で5日間。

茶飯地

割合：
- ほうじ茶…15
- 薄口醤油…1
- 酒…1

混ぜ合わせる。

◎用途
こってりしたおかずに合わせるご飯に。

◎保存
冷蔵庫で5日間。

「赤ワイン飯地」で作る

牛にぎり寿司

牛いちぼ肉…100g
米…2合
赤ワイン飯地…360cc
寿司酢（にぎり用。p.52参照）…適量
わさび（すりおろし）…少量
塩…少量
スダチ…1個

1　赤ワイン飯地で米を炊く。寿司酢を合わせて酢飯にする。
2　牛肉は薄切りにし、塩をしてフライパンで焼き、1と合わせてにぎり寿司にする。
3　器に盛り、おろしわさび、切ったスダチを添える。

寿司酢

寿司酢（にぎり用）

米酢…1.8ℓ
砂糖…900g
粗塩…400g

混ぜ合わせる。

◎用途
にぎり寿司、いなり寿司などに。
＊p.50、p.221の料理に使用している。

◎保存
常温で2ヵ月間。

寿司酢（ちらし用）

米酢…1.8ℓ
砂糖…1.5kg
粗塩…400g

混ぜ合わせる。

◎用途
ちらし寿司、棒寿司などに。

◎保存
常温で2ヵ月間。

黒寿司酢

米酢…540cc
濃口醤油…235cc
砂糖…420g
粗塩…120g
だし昆布…5g

合わせてひと煮立ちさせる。

◎用途
サーモン、まぐろのトロ、ぶりなど脂ののった魚介のにぎり寿司、ちらし寿司、さばの棒寿司などに。
＊p.147の料理に使用してもよい。

◎保存
冷蔵庫で1ヵ月間。

レモン寿司酢

米酢…180cc
レモン果汁…30cc
砂糖…80g
粗塩…30g

混ぜ合わせる。

◎用途
野菜寿司、貝類を使ったちらし寿司などに。

◎保存
冷蔵庫で1ヵ月間。

たれ・ソース・漬け床・漬け地

魚介や肉の焼きだれや、焼き物、蒸し物、揚げ物などにかけるソース、漬け床や漬け地などをまとめました。

魚だれ

濃口醤油…1ℓ
みりん…1.8ℓ
たまり醤油…200cc

みりんを煮切り、濃口醤油、たまり醤油を加えてひと煮立ちさせ、アクをとり、火を止める。

◎用途
魚の照り焼き全般に。
＊たれをかけながら焼いても、フライパンで焼いてから、たれを加えて煮からめてもよい（肉の照り焼きについても同じ）。

◎保存
常温で2ヵ月間。

肉だれ

たまり醤油…300cc
みりん…200cc
濃口醤油…100cc
酒…100cc
砂糖…100g

みりん、酒を煮切り、他の材料を加えてひと煮立ちさせ、アクをとり、火を止める。

◎用途
肉の照り焼き全般に。

◎保存
常温で2ヵ月間。

たれ・ソース

焼きとりだれ

濃口醤油…1.8ℓ
みりん…1.8ℓ
砂糖…500g

みりんを煮切り、濃口醤油、砂糖を加えてひと煮立ちさせ、アクをとり、10分弱火で煮る。

◎用途
焼きとり、焼きとんなどのたれに。
＊p.157の料理にも使用している。

◎保存
常温で2ヵ月間。

うなぎだれ

濃口醤油…1.8ℓ
みりん…500cc
たまり醤油…40cc
ザラメ糖…650g
うなぎの骨…5尾分

1　うなぎの骨は、血合いをきれいに掃除して、カリッと焼く。
2　すべての調味料を鍋に入れて火にかけ、沸いたら1の骨を入れ、アクをとりながら弱火で30分煮る。漉す。

◎用途
うなぎのかば焼きに。穴子、鱧の漬け焼きにも。

◎保存
冷蔵庫で1ヵ月間。

「焼きとりだれ」で作る

焼きとり
作り方＞ p.257

柚庵地

割合:
- 酒…1
- みりん…1
- 濃口醤油…1
- 柚子(輪切り)…適量

混ぜ合わせる。

◎用途
すべての魚、肉の柚庵焼きに。
＊素材を柚庵地に漬けてから焼き上げる。

◎保存
冷蔵庫で5日間。

味噌柚庵地

割合:
- 酒…1
- みりん…1
- 濃口醤油…1
- 白味噌…1
- 柚子(輪切り)…適量

混ぜ合わせる。

◎用途
すべての魚、肉の味噌柚庵焼きに。

◎保存
冷蔵庫で5日間。

「柚庵地」で作る
さば柚庵焼き きんかんおろし

作り方＞ p.257

たれ・ソース

若狭地

割合：
- 昆布だし（p.14参照）…3
- 酒…2
- 粗塩…0.3

混ぜ合わせる。

◎用途
白身魚の若狭焼きに。
＊ひと塩した素材を若狭地に漬けてから、かけ焼きにする。

◎保存
冷蔵庫で5日間。

利久地

割合：
- 酒…1
- 濃口醤油…1
- みりん…1
- 白練りゴマ…0.5

混ぜ合わせる。

◎用途
すべての魚、肉の利久焼きに。
＊素材を利久地に漬けてから焼き上げる。またはかけ焼きにする。
＊p.165の料理に使用している。

◎保存
冷蔵庫で1週間。

南蛮焼きだれ

大根…100g
長ネギ…1/2本
A
├ 薄口醤油…100cc
├ 濃口醤油…20cc
├ みりん…100cc
└ 千鳥酢…30cc
一味唐辛子…少量

1　大根はすりおろして水気を切る。長ネギはみじん切りにする。
2　1とAを混ぜ合わせ、一味唐辛子を好みの量加える。

◎用途
魚、肉、えび、貝類の南蛮焼きに。
＊素材をたれに漬けてから焼き上げる。またはかけ焼きにしても、フライパンで焼いてから、たれを加えてからめてもよい。

◎保存
冷蔵庫で1週間。

「南蛮焼きだれ」で作る
ぶりの南蛮焼き

（2人分）
ぶり（上身）…200g
薄力粉…適量
サラダ油…適量
南蛮焼きだれ…100cc
スダチ…1個

1　ぶりは食べやすい大きさに切り、薄力粉をまぶす。
2　フライパンにサラダ油を熱し、1を入れて中火で両面をカリッと焼く。
3　フライパンの余分な油をふきとり、南蛮焼きだれを加えて煮からめる。器に盛り、切ったスダチを添える。

たれ・ソース

山椒焼きだれ

みりん…200cc
酒…100cc
濃口醤油…100cc
実山椒（水煮。みじん切り）…30g

みりん、酒を煮切る。すべての材料を混ぜ合わせる。

◎用途
すべての魚、肉の山椒焼きに。
＊素材をたれに漬けてから、かけ焼きにする。

◎保存
冷蔵庫で1週間。

「山椒焼きだれ」で作る

牛いちぼ　山椒焼き

（2人分）
牛いちぼ肉（塊）…200g
山椒焼きだれ…適量
大根おろし…適量
キャベツとニンジンの浅漬け…適量

1　牛肉を山椒焼きだれに40分ほど漬けておく。
2　1の汁気を切って串を打ち、途中で3、4回たれをかけながら焼き台で焼く。少しやすませる。
3　2を一口大に切って器に盛り、残ったたれを少しかける。大根おろしと、キャベツとニンジンの浅漬けを添える。

生姜焼きだれ

割合：
- 酒…2
- 濃口醤油…2
- みりん…2
- はちみつ…1
- 生姜（すりおろし）…0.5

混ぜ合わせる。

◎用途
豚肉、鶏肉、牛肉の生姜焼きに。
＊肉にたれをもみ込んでから焼いても、肉を焼いてから、たれを加えてからめてもよい。

◎保存
冷蔵庫で1週間。

焼き肉だれ

赤ワイン（甘口）…600cc
濃口醤油…2ℓ
みりん…300cc
砂糖…1kg
水あめ…300g
だし昆布…15g
A
- 生姜…30g
- ニンニク…30g
- リンゴ…1/2個
- 玉ネギ…1個

1　赤ワインは煮切っておく。
2　1に残りの調味料とだし昆布、ぶつ切りにしたAを加えて火にかけ、ひと煮立ちさせて冷ます。漉す。

◎用途
牛、豚、鶏の焼き肉に。
＊肉にたれをもみ込んでから焼いても、肉を焼いてから、たれを加えてからめてもよい。

◎保存
冷蔵庫で1週間。

たれ・ソース

バーベキューソース

酒…100cc
濃口醤油…100cc
みりん…100cc
ケチャップ…50cc
はちみつ…50cc
ニンニク（すりおろし）…大さじ1/2
玉ネギ…1個

玉ネギをすりおろして水気を絞り、他のすべての材料と混ぜ合わせる。

◎用途
赤身肉の焼き肉のソースとして。
＊肉にソースをもみ込んでから焼いても、肉を焼いてから、ソースを加えてからめてもよい。

◎保存
冷蔵庫で1週間。

黄身焼き地

卵黄…5個
煮切り酒…大さじ2
塩…小さじ1/3

混ぜ合わせる。

◎用途
いか、帆立貝、えび、白身魚の黄身焼きに。
＊素材に地を塗りながら焼き上げる。

◎保存
冷蔵庫で3日間。

「黄身焼き地」で作る
いか黄身焼き
作り方＞ p.258

うに焼き地

練りうに…30g
卵黄…2個
煮切り酒…大さじ1

混ぜ合わせる。

◎用途
いか、帆立貝、えび、白身魚のうに焼きに。
＊素材に地を塗りながら焼き上げる。

◎保存
冷蔵庫で3日間。

「うに焼き地」で作る

帆立うに焼き

（2人分）
帆立貝柱…6個
片栗粉…適量
うに焼き地…適量

1　帆立貝柱は水気をふきとり、串を打つ。

2　1の全面に、片栗粉をまんべんなくまぶす。

3　2を弱火の焼き台で焼き、表面が乾いたらうに焼き地をハケで塗る。これを4、5回繰り返しながら、両面を焼く。冷ましておく。

4　冷めたら一口大に切って、器に盛る。

うにソース

生うに…100g
卵黄…1個
生クリーム…大さじ2
薄口醤油…小さじ1½
砂糖…小さじ1/2

1　うにを蒸して裏漉す。
2　1と他のすべての材料を混ぜ合わせる。

◎用途
焼き魚、蒸し魚、天ぷらなどの、魚介料理のソースとして。

◎保存
冷蔵庫で3日間。

あわび肝ソース

あわびの肝…50g
煮切り酒…大さじ2
太白ゴマ油…大さじ1
濃口醤油…小さじ1
砂糖…小さじ1/2

1　あわびの肝に酒（分量外）をふって蒸し、裏漉す。
2　1と他のすべての材料を混ぜ合わせる。

◎用途
蒸しあわびのソースとして。焼いた白身魚など他の魚介料理や、パスタにも。

◎保存
冷蔵庫で3日間。

和風トマトソース

トマト…500g
玉ネギ…1/2個
太白ゴマ油…大さじ2
塩…少量
薄口醤油…大さじ1
みりん…大さじ1
トマトジュース…50cc

1　トマトは皮を湯むきして、ざく切りにする。玉ネギはみじん切りにする。
2　フライパンに太白ゴマ油を入れ、玉ネギを入れて塩をふり、弱火で炒める。
3　2にトマトを加え、中火で10分ほど煮る。薄口醤油、みりん、トマトジュースを加えて更に5分煮る。

◎用途
魚、肉料理のソースとして。パスタなどの麺類のソースにも。

◎保存
冷蔵庫で3日間。

オイスタークリームソース

オイスターソース…大さじ2
生クリーム…大さじ4
煮切り酒…大さじ1
黒コショウ…少量
砂糖…小さじ1

すべての材料を混ぜ合わせる。

◎用途
魚介料理のソースとして。パスタなどの麺類のソースにも。

◎保存
冷蔵庫で5日間。

たれ・ソース | 漬け床・漬け地

天丼のたれ

二番だし（p.13参照）…200cc
みりん…500cc
濃口醤油…500cc
砂糖…200g

混ぜ合わせてひと煮立ちさせる。

◎用途
天丼、かき揚げ丼のたれに。

◎保存
冷蔵庫で1ヵ月間。

粕漬け床

酒粕…200g
白粒味噌…80g
煮切り酒…50cc

混ぜ合わせる。

◎用途
魚介、肉系素材全般の粕漬けに。
＊素材をガーゼで包み、上下を漬け床で挟むようにして漬ける。急ぐときは直漬けにしてもよい（焦げやすいので、焼くときによくふきとる）。冷蔵庫に入れて肉は約1日、魚介は約2日で漬かる（次頁の味噌漬けについても同じ）。

◎保存
冷蔵庫で2ヵ月間。

味噌床（合わせ味噌）

　合わせ味噌…100g
　砂糖…40g
　酒…40cc

混ぜ合わせる。

◎用途
脂ののった魚、肉系素材の味噌漬けに（チーズ、卵、豆腐なども）。
＊漬け方は前頁の「粕漬け床」参照。

◎保存
冷蔵庫で2ヵ月間。

味噌床（白味噌）

　白粒味噌…100g
　みりん…30cc
　酒…15cc

混ぜ合わせる。

◎用途
魚介全般の味噌漬けに。特に上品に仕上げたい白身魚などにむいている。
＊漬け方は前頁の「粕漬け床」参照。

◎保存
冷蔵庫で2ヵ月間。

漬け床・漬け地

いくら漬け地

割合：
- だし…7
- 濃口醤油…2
- みりん…1

合わせてひと煮立ちさせ、冷ます。

◎用途
いくらの醤油漬けに。
＊作り方：生のすじこを湯の中でほぐした後、水を何度か替えながら洗い、水気を切って漬け地に漬け、冷蔵庫に入れる。1日で漬かる。

◎保存
冷蔵庫で5日間。

まぐろ漬け地

濃口醤油…200cc
みりん…100cc
だし昆布…5g

合わせてひと煮立ちさせ、冷ます。

◎用途
まぐろ、かつおの漬けに。
＊サクのまま生で漬けても、さっと湯引きしてから漬けてもよい。冷蔵庫に入れ、半日ほどで漬かる。急ぐときは、切り身にしてから漬けると10分ほどで漬かる（次頁の白身魚の場合も同じ）。

◎保存
冷蔵庫で10日間。

白身漬け地

薄口醤油…200cc
みりん…100cc
酒…50cc
だし昆布…5g

合わせてひと煮立ちさせ、冷ます。

◎用途
白身魚全般の漬けに。貝類、えびなどにも。

◎保存
冷蔵庫で10日間。

数の子漬け地

だし…300cc
みりん…150cc
濃口醤油…100cc
砂糖…大さじ1

合わせてひと煮立ちさせ、冷ます。

◎用途
数の子の漬け地に。
＊作り方：塩漬けの数の子を米のとぎ汁に一晩浸けた後、薄皮を除き、薄い塩水に浸けて好みの塩加減になるまで塩抜きした後漬け地に漬け、冷蔵庫に入れる。1日で漬かる。

◎保存
冷蔵庫で5日間。

漬け床・漬け地

南蛮漬け地（塩）

割合：
- 昆布だし（p.14参照）…5
- 千鳥酢…2
- 砂糖…0.6
- 粗塩…0.2

混ぜ合わせる。

◎用途
白身魚やえび、貝類の南蛮漬けに。
＊素材を揚げてから、漬け地に漬ける。

◎保存
冷蔵庫で1週間。

「南蛮漬け地（塩）」で作る

鰆の南蛮漬け

（2人分）
さわら（上身）…200g
塩…少量
薄力粉…適量
南蛮漬け地（塩）…400cc
揚げ油…適量
薬味（みょうが、スプラウト）…少量

1　みょうがはせん切りに、スプラウトは3等分に切る。合わせて水にさらしてシャキッとさせ、水気をしっかり切る。
2　さわらは一口大に切り、塩をふって下味をつけ、薄力粉をまぶす。
3　2を170℃の油でカリッと揚げる。
4　3が熱いうちに、南蛮漬け地に漬け込み、2時間以上おく。
5　器に盛り、1をのせる。

南蛮漬け地（醤油）

割合：
- だし…8
- 千鳥酢…2
- 薄口醤油…1.2
- みりん…1
- 砂糖…0.5

混ぜ合わせる。

◎用途
脂ののった魚、肉系素材の南蛮漬けに。
＊素材を揚げてから、漬け地に漬ける。

◎保存
冷蔵庫で1週間。

ピクルス地

- 千鳥酢…300cc
- 水…80cc
- 粗塩…大さじ1
- 砂糖…75g
- だし昆布…5g

合わせてひと煮立ちさせる。冷ましてから使用する。

◎用途
さまざまな野菜のピクルスに。
＊野菜を一口大に切って漬け地に漬け、冷蔵庫に入れる。2日ほどで漬かる。

◎保存
冷蔵庫で2週間。

合わせ味噌

味噌をベースにした合わせ調味料です。料理にかけたり添えたりする他、和え物や加熱調理に使うものもあります。

玉味噌(白)

　白味噌…200g
　卵黄…6個
　砂糖…50g
　酒…120cc

すべての材料を鍋に合わせ、弱火にかけながら練る。

◎用途
ふろふき大根、田楽の味噌として。和え物に。酢でのばして酢味噌に。

◎保存
冷蔵庫で1ヵ月間。

玉味噌(赤)

　赤味噌…200g
　卵黄…6個
　砂糖…80g
　酒…120cc

すべての材料を鍋に合わせ、弱火にかけながら練る。

◎用途
ふろふき大根、田楽の味噌として。和え物に。朴葉焼きにも。

◎保存
冷蔵庫で1ヵ月間。

合わせ味噌

玉味噌（田舎）

信州味噌…200g
卵黄…3個
みりん…60cc
砂糖…60g
酒…40cc

すべての材料を鍋に合わせ、弱火にかけながら練る。

◎用途
ふろふき大根、田楽の味噌として。和え物に。酢でのばして酢味噌に。炒め物の味つけにも。

◎保存
冷蔵庫で1ヵ月間。

炒め味噌

信州味噌…200g
酒…100cc
みりん…40cc
砂糖…90g

混ぜ合わせる。

◎用途
肉類、なす、キャベツ、ピーマンなどを使った炒め物の味つけに。

◎保存
冷蔵庫で2ヵ月間。

「炒め味噌」で作る
豚ばらとなすの味噌炒め

（2人分）
豚ばら肉（スライス）…150g
ナス…3本
玉ネギ…1/2個
サラダ油…大さじ2
炒め味噌…大さじ3
一味唐辛子…少量

1　豚肉は一口大に切る。
2　ナスはヘタをとり、部分的に皮をむいて、食べやすく切る。玉ネギは薄切りにする。
3　フライパンにサラダ油を熱し、1、2を入れて中火で炒める。
4　火が通ったら炒め味噌を加え、炒め合わせる。
5　器に盛り、一味唐辛子をふる。

合わせ味噌

柚子味噌

玉味噌（白。p.73参照）…50g
黄柚子…1個

玉味噌に、柚子の絞り汁とすりおろした皮を加えて混ぜ合わせる。

◎用途
ふろふき大根、田楽の味噌として。白身魚の蒸し物のソースとしてなど。

◎保存
冷蔵庫で2週間。

「柚子味噌」で作る
かぶのふろふき

（2人分）
カブ（中）…4個
A
├ だし…600cc
├ 薄口醤油…大さじ1½
└ みりん…大さじ1½
柚子味噌…適量
黄柚子皮（すりおろし）…少量

1　カブは皮を厚めにむいて、Aでやわらかくなるまで煮る。冷ます。
2　柚子味噌を、1の煮汁少量でのばす。
3　1のカブを再び温めて器に盛り、2をかけ、柚子皮をふる。

木の芽味噌

　玉味噌（白。p.73参照）…50g
　木の芽…10g
　煮切り酒…大さじ1

木の芽をすり鉢ですり、玉味噌と煮切り酒を加えて合わせる。

◎用途
田楽、竹の子の木の芽和えなどに。

◎保存
冷蔵庫で3日間。

「木の芽味噌」で作る

竹の子と車海老 木の芽味噌和え

（2人分）
竹の子含め煮（p.206参照）…1本
車えび…4本
海老だし（p.19参照）…適量
木の芽味噌…大さじ2

1　車えびは頭をとり、海老だしで炊いて、冷ましておく。殻をむく。
2　竹の子含め煮は、一口大に切る。
3　2を木の芽味噌で和えて、器に盛り、1を添える。

合わせ味噌

胡麻味噌

　玉味噌（田舎。p.74参照）…50g
　白すりゴマ…大さじ1
　ゴマ油…大さじ1

混ぜ合わせる。

◎用途
ふろふき大根、田楽の味噌として。野菜のディップにも。

◎保存
冷蔵庫で1ヵ月間。

黒胡麻味噌

　玉味噌（白。p.73参照）…50g
　黒練りゴマ…大さじ1
　ゴマ油…大さじ1
　濃口醤油…小さじ1

混ぜ合わせる。

◎用途
ふろふき大根、田楽の味噌として。肉料理のたれにも。

◎保存
冷蔵庫で1ヵ月間。

南蛮味噌

　玉味噌（田舎。p.74参照）…50g
　ゴマ油…大さじ1
　長ネギ（みじん切り）…大さじ1
　ニンニク（すりおろし）…小さじ1/2
　一味唐辛子…少量

混ぜ合わせる。

◎用途
肉料理のたれに。野菜のディップにも。

◎保存
冷蔵庫で1週間。

胡桃味噌

　クルミ…50g
　玉味噌（赤。p.73参照）…80g
　煮切り酒…大さじ1

クルミを煎ってすり鉢ですり、玉味噌と煮切り酒を加えて混ぜ合わせる。

◎用途
ふろふき大根、田楽の味噌として。五平餅にも。

◎保存
冷蔵庫で1ヵ月間。

「胡桃味噌」で作る
アスパラの胡桃味噌がけ
作り方＞ p.258

合わせ味噌

トマト味噌

ドライトマト…50g
トマトジュース…50cc
太白ゴマ油…50cc
千鳥酢…50cc
酒…50cc
白味噌…100g
マヨネーズ…大さじ2
薄口醤油…20cc
みりん…20cc

1　ドライトマトと酒、千鳥酢を鍋に合わせてひと煮立ちさせ、冷ます。
2　すべての材料を合わせてミキサーにかけ、なめらかにする。

◎用途
野菜のディップに。

◎保存
冷蔵庫で2週間。

酢味噌

玉味噌（白。p.73参照）…50g
千鳥酢…大さじ1

混ぜ合わせる。

◎用途
ぬた、和え物に。

◎保存
冷蔵庫で1ヵ月間。

辛子酢味噌

　玉味噌（白。p.73参照）…50g
　千鳥酢…大さじ1
　練りガラシ…小さじ1

混ぜ合わせる。

◎用途
ぬた、和え物、お造りのつけだれに。

◎保存
冷蔵庫で1ヵ月間。

泥酢味噌

　玉味噌（赤。p.73参照）…50g
　千鳥酢…大さじ1

混ぜ合わせる。

◎用途
ぬた、和え物に。特に鯉などの川魚によく合う。

◎保存
冷蔵庫で1ヵ月間。

「辛子酢味噌」で作る
ほたるいかのぬた

（2人分）
　ほたるいか（ゆでたもの）…10パイ
　菜の花昆布締め（p.215参照）
　　　…適量
　辛子酢味噌…大さじ2

1　ほたるいかは目、クチバシ、軟骨を掃除する。
2　器に1と菜の花昆布締めを盛り付け、辛子酢味噌をかける。

合わせ味噌

炒め玉ねぎ味噌

玉ネギ…1個
太白ゴマ油…大さじ2
玉味噌（田舎。p.74参照）…50g
黒コショウ…少量

1　玉ネギを薄切りにし、太白ゴマ油をひいたフライパンで、じっくり茶色くなるまで炒める。
2　1と玉味噌をミキサーにかけ、黒コショウを加える。

◎用途
肉料理のソースとして。野菜のディップにも。

◎保存
冷蔵庫で1週間。

山椒味噌

玉味噌（赤。p.73参照）…50g
粉山椒…小さじ1/2
煮切り酒…大さじ1

混ぜ合わせる。

◎用途
田楽、和え物に。

◎保存
冷蔵庫で2週間。

梅味噌

梅干し（塩分5〜8％ほどのもの）
　…5粒
玉味噌（白。p.73参照）…50g
はちみつ…大さじ1
太白ゴマ油…大さじ1

梅干しの種をとり除き、玉味噌、はちみつ、太白ゴマ油とともにミキサーにかける。

◎用途
魚介全般、鶏肉、豚肉料理のソースとして。

◎保存
冷蔵庫で1ヵ月間。

「梅味噌」で作る
鶏のあぶり焼き　梅味噌がけ

（2人分）
鶏もも肉（正肉）…1枚
塩…少量
梅味噌…大さじ2
大葉…2枚
スダチ…1個

1　鶏肉に塩をふり、焼き台で、皮目からパリッと焼く。
2　1を食べやすく切り、大葉を敷いた器に盛り、梅味噌と切ったスダチを添える。

合わせ味噌

バター味噌

信州味噌…50g
バター…20g
みりん…大さじ1

バターを室温に戻してやわらかくし、味噌とみりんを加えて混ぜる。

◎用途
肉、野菜の炒め物に。鍋料理の薬味代わりなどに。

◎保存
冷蔵庫で2週間。

「バター味噌」で作る

じゃがいものバター味噌煮

（2人分）
ジャガイモ…2個
だし…400cc
バター味噌…大さじ2
万能ネギ（小口切り）…少量
黒コショウ…少量

1　ジャガイモは皮をむいて一口大に切る。
2　鍋に1とだしを入れて火にかけ、中火でやわらかくなるまで煮る。
3　2にバター味噌を溶き入れ、少し煮る。
4　器に盛り、万能ネギを散らし、黒コショウをふる。

きのこ味噌

シメジ…1パック
マイタケ…1パック
シイタケ…2枚
ゴマ油…大さじ2
玉味噌（田舎。p.74参照）…120g
煮切り酒…大さじ2
塩…小さじ1/2

1　シメジは石づきを切り落としてほぐす。マイタケもほぐす。シイタケは軸を切り落として薄切りにする。
2　ゴマ油をひいたフライパンに1を入れ、塩をふってじっくり炒める。
3　2と玉味噌、煮切り酒を合わせてミキサーにかける。きのこの粒々が残るくらいで止める。

◎用途
魚料理、肉料理のソースとして。
＊シンプルに塩焼きにした素材に添えても。上に塗って焼き目をつけてもおいしい。

◎保存
冷蔵庫で1週間。

かぼちゃ味噌

カボチャ…200g
白味噌…100g
生クリーム…大さじ2
煮切り酒…大さじ1
塩…少量

1　カボチャは皮、種とワタをとり除き、蒸してやわらかくし、裏漉す。
2　1に白味噌、生クリーム、煮切り酒を混ぜ合わせ、塩で味を調える。

◎用途
和え物に。肉料理、魚料理のソースとして。焼き物や揚げ物に添える。
＊イメージとしては、秋の料理に使いたい。これを器に敷き、えびやギンナンを散らして吹き寄せにすると美しい。

◎保存
冷蔵庫で3日間。

合わせ味噌

韓国風酢味噌

千鳥酢…50cc
信州味噌…大さじ2
コチュジャン…大さじ2
煎り白ゴマ…小さじ1
砂糖…小さじ2

混ぜ合わせる。

◎用途
魚介類のつけだれに。和え物に。冷やっこのたれ、牛しゃぶのたれにも。

◎保存
冷蔵庫で1ヵ月間。

「韓国風酢味噌」で作る
韓国風刺身

（2人分）
白身魚（刺身用サク）…100g
韓国風酢味噌…大さじ2
煎り白ゴマ、芽ネギ（2cm長さに切る）
　…各少量
韓国海苔…適量

1　白身魚はそぎ切りにする。
2　1を韓国風酢味噌で和えて器に盛る。白ゴマをふり、芽ネギをのせ、韓国海苔を添える。

合わせ酢・ドレッシング

酢の物や和え物、サラダなどに使用する、酸味を加えた合わせ調味料です。たとえば同じポン酢であっても、通年使えるベーシックなものの他、春夏秋冬それぞれの季節の素材や料理に合うものを用意しています。

合わせ酢

ポン酢（通年）

ポン酢果汁（ダイダイ果汁）…500cc
濃口醤油…400cc
みりん…150cc
穀物酢…150cc
だし昆布…10g
砂糖…大さじ1

混ぜ合わせて冷蔵庫に一晩おく。

◎用途
鍋物、お造り、焼き魚、焼き肉などに。
＊p.205の料理に使用している。

◎保存
冷蔵庫で2ヵ月間。
＊時間が経つと味がこなれてくる。

春ポン酢

グレープフルーツ果汁…200cc
米酢…100cc
濃口醤油…250cc
みりん…50cc
だし昆布…10g

混ぜ合わせて冷蔵庫に一晩おく。

◎用途
鍋物、お造り、焼き魚、焼き肉などに。

◎保存
冷蔵庫で1ヵ月間。

「春ポン酢」で作る

春キャベツと豚しゃぶのポン酢がけ

作り方＞ p.258

夏ポン酢

スダチ果汁…200cc（スダチを絞り、絞った後の皮もすべて使用する）
米酢…100cc
濃口醤油…100cc
薄口醤油…100cc
煮切り酒…300cc
みりん…100cc
だし昆布…10g

絞ったスダチ果汁と皮、その他の材料をすべて混ぜ合わせ、冷蔵庫に一晩おいて、漉す。

◎用途
鍋物、お造り、焼き魚、焼き肉などに。

◎保存
冷蔵庫で1ヵ月間。

秋ポン酢

柚子果汁…200cc
米酢…80cc
濃口醤油…300cc
砂糖…大さじ1
煮切り酒…150cc
みりん…100cc
だし昆布…10g
かつお節…20g

混ぜ合わせて冷蔵庫に一晩おいて、漉す。

◎用途
鍋物、お造り、焼き魚、焼き肉などに。

◎保存
冷蔵庫で1ヵ月間。

合わせ酢

冬ポン酢

ポン酢果汁(ダイダイ果汁)…300cc
リンゴ酢…200cc
米酢…100cc
濃口醤油…350cc
みりん…100cc
だし昆布…10g
砂糖…大さじ1

混ぜ合わせて冷蔵庫に一晩おく。

◎用途
鍋物、お造り、焼き魚、焼き肉などに。

◎保存
冷蔵庫で2ヵ月間。

塩ポン酢

ポン酢果汁(ダイダイ果汁)…300cc
穀物酢…30cc
A
├ 酒…150cc
├ みりん…80cc
├ だし昆布…10g
└ 粗塩…大さじ1

Aを合わせてひと煮立ちさせ、冷ます。ポン酢果汁と穀物酢を加えて混ぜ合わせる。

◎用途
鍋物、ふぐや平目などの白身魚の薄造りに、焼き魚などに。

◎保存
冷蔵庫で2ヵ月間。

二杯酢

割合：
- 濃口醤油…1
- 穀物酢…1

混ぜ合わせる。

◎用途
酢の物全般に。
＊甘さがなく、キリッとした味で、特に生の魚介などにむいている。

◎保存
常温で2ヵ月間。

三杯酢

割合：
- 濃口醤油…1
- 穀物酢…1
- みりん…1

混ぜ合わせる。

◎用途
酢の物全般に。
＊甘みがあるため、わかめなどの海藻や野菜にも合わせやすい。

◎保存
常温で2ヵ月間。

合わせ酢

土佐酢

だし…400cc
千鳥酢…200cc
みりん…100cc
濃口醤油…50cc
薄口醤油…50cc
砂糖…大さじ1
かつお節…15g

合わせて火にかけ、ひと煮立ちさせて、漉す。

◎用途
酢の物全般に。
＊かつおの風味がきいているため、野菜だけの酢の物もおいしくできる。

◎保存
冷蔵庫で1週間。

加減酢

だし…500cc
千鳥酢…100cc
濃口醤油…50cc
薄口醤油…50cc
みりん…100cc

合わせて火にかけ、ひと煮立ちさせて、冷ます。

◎用途
酢の物全般に。
＊このまま飲める味加減の合わせ酢。

◎保存
冷蔵庫で1週間。

甘酢

　水…100cc
　穀物酢…100cc
　砂糖…40g

混ぜ合わせる。

◎用途
野菜の甘酢漬け全般に。

◎保存
冷蔵庫で2週間。

蟹酢

　割合：
　┌昆布だし（p.14参照）…8
　├穀物酢…4
　├薄口醤油…1
　└砂糖…0.5

混ぜ合わせる。

◎用途
かにを使った酢の物全般に。

◎保存
冷蔵庫で1週間。

合わせ酢

なまこ酢

だし…360cc
穀物酢…180cc
薄口醤油…120cc
みりん…60cc
砂糖…大さじ1

混ぜ合わせる。

◎用途
なまこの酢の物に。
＊作り方：なまこの両端を切り落として切り開き、中の腸をとり出し掃除する。ぶつ切りにしてそのまま漬けてもよいが、熱い番茶に通した後（茶ぶりなまこ）漬けてもよい。冷蔵庫に入れ、1日おけば食べられる。

◎保存
冷蔵庫で1週間。

胡麻酢

白練りゴマ…150g
煮切り酒…100cc
濃口醤油…100cc
穀物酢…100cc
砂糖…大さじ2

混ぜ合わせる。

◎用途
酢の物全般に。
＊特に、脂ののったクセのある魚によく合う。

◎保存
冷蔵庫で2週間。

ちり酢

  大根おろし…500g
  万能ネギ（みじん切り）…100g
  濃口醤油…500cc
  米酢…200cc
  レモン果汁…150cc
  煮切り酒…180cc
  砂糖…大さじ4
  一味唐辛子…小さじ1

混ぜ合わせる。

◎用途
白身魚、いか、たこ、えび、貝のお造りのつけだれに。しゃぶしゃぶ、肉の焼き物のつけだれなどに。

◎保存
冷蔵庫で1週間。

「ちり酢」で作る
ぶりたたき　ちり酢がけ

（2人分）
ぶり（刺身用サク）…150g
黒大根…適量
塩…少量
ちり酢…適量

1　ぶりは軽く塩をふり、直火であぶってたたきにする。
2　1を一口大に切って器に盛り、ちり酢をかける。薄切りにした黒大根を添える。

合わせ酢

柿酢

柿…1個
穀物酢…50cc
薄口醤油…大さじ1
太白ゴマ油…大さじ1

柿は皮をむいて種をとり除き、ミキサーにかける。すべての材料を混ぜ合わせる。

◎用途
いか、たこ、えび、貝類、白身魚の酢の物に。鶏肉や豚肉料理のソースとしてなど。

◎保存
冷蔵庫で1週間。

桃酢

桃…1個
穀物酢…30cc
太白ゴマ油…大さじ1
塩…ひとつまみ

桃は皮をむいて種をとり除き、ミキサーにかける。すべての材料を混ぜ合わせる。

◎用途
白身魚、いか、たこ、えび、かに、貝類の料理にソースとして。

◎保存
冷蔵庫で1週間。

「柿酢」で作る
生牡蠣　柿酢がけ
作り方＞ p.259

白酢

　絹ごし豆腐…150g
　穀物酢…大さじ2
　砂糖…大さじ1
　塩…小さじ1/3
　太白ゴマ油…大さじ1

豆腐はさらしに包んでおき、しっかり水切りする。すべての材料を合わせてミキサーにかける。

◎用途
野菜の酢の物全般に。えび、穴子、鶏ささみの酢の物にも。

◎保存
冷蔵庫で3日間。

黄身酢

　卵黄…5個
　千鳥酢…大さじ5
　砂糖…大さじ3〜4
　薄口醤油…大さじ1½

すべての材料をボウルに合わせ、湯煎にかけながら泡立て器で泡立てる。

◎用途
魚介類、野菜の酢の物全般に。

◎保存
冷蔵庫で5日間。

「黄身酢」で作る

蟹とフルーツトマト黄身酢がけ

作り方＞ p.259

ドレッシング

土佐酢ドレッシング

　土佐酢（p.92参照）…300cc
　太白ゴマ油…100cc

混ぜ合わせる。

◎用途
サラダ全般に。

◎保存
冷蔵庫で1ヵ月間。

おろし野菜ドレッシング

　玉ネギ…100g
　ニンジン…100g
　大根…100g
　トマト…100g
　干しアンズ…30g
　太白ゴマ油…200cc
　千鳥酢…200cc
　薄口醤油…100cc
　砂糖…大さじ2
　黒コショウ…小さじ1/2

野菜は粗く切っておく。すべての材料を合わせてミキサーにかける。

◎用途
野菜、魚介、鶏肉、豚肉を使ったサラダ全般に。

◎保存
冷蔵庫で1週間。

粗塩ドレッシング

だし…100cc
粗塩…小さじ1½
千鳥酢…50cc
太白ゴマ油…50cc
砂糖…小さじ2

混ぜ合わせる。

◎用途
かぶ、大根のサラダに。魚介のサラダ全般に。

◎保存
冷蔵庫で1ヵ月間。

塩昆布ドレッシング

塩昆布…30g
太白ゴマ油…200cc
千鳥酢…100cc
みりん…50cc
粗塩…小さじ1/3

塩昆布はみじん切りにする。すべての材料を混ぜ合わせる。

◎用途
白菜、大根、かぶのサラダに。白身魚、いか、たこ、えび、帆立のお造りのソースとしても。

◎保存
冷蔵庫で1ヵ月間。

「塩昆布ドレッシング」で作る
白菜、九条ねぎ、しらすの塩昆布サラダ

作り方＞ p.259

ドレッシング

生姜ドレッシング

生姜(すりおろし)…50g
千鳥酢…50cc
薄口醤油…小さじ1
砂糖…小さじ1
太白ゴマ油…50cc

混ぜ合わせる。

◎用途
魚介を使ったサラダ全般に。鶏肉、豚肉を使ったサラダに。

◎保存
冷蔵庫で2週間。

はちみつレモンドレッシング

レモン果汁…50cc
はちみつ…大さじ2
粒マスタード…大さじ1
太白ゴマ油…50cc
粗塩…小さじ1/2

混ぜ合わせる。

◎用途
鶏肉、豚肉を使ったサラダに。えび、いか、貝類のサラダに。

◎保存
冷蔵庫で2週間。

「生姜ドレッシング」で作る

鶏砂肝とエリンギのサラダ

（2人分）
鶏砂肝…100g
エリンギ…3本
塩…少量
黒コショウ…少量
サラダ油…大さじ1
生姜ドレッシング…適量
万能ネギ（小口切り）…少量

1　砂肝は、掃除して食べやすく切る。
2　エリンギも食べやすく切る。
3　フライパンにサラダ油を熱し、1、2をソテーして塩、黒コショウをふる。
4　器に盛り、生姜ドレッシングをかける。万能ネギを散らす。

ドレッシング

胡麻ドレッシング

白練りゴマ…大さじ3
白すりゴマ…大さじ1
はちみつ…大さじ2
千鳥酢…大さじ3
濃口醤油…大さじ3
煮切り酒…大さじ3
太白ゴマ油…大さじ2

混ぜ合わせる。

◎用途
サラダ全般に。

◎保存
冷蔵庫で2週間。

梅ドレッシング

梅干し(塩分8%ほどのもの)…100g
千鳥酢…大さじ1
だし…40cc
はちみつ…大さじ1
太白ゴマ油…80cc
煮切り酒…80cc

梅干しは種をとり除く。すべての材料を合わせてミキサーにかける。

◎用途
魚介を使ったサラダ全般に。鶏肉、豚肉を使ったサラダに。

◎保存
冷蔵庫で2週間。

マヨネーズ

　卵黄…2個
　千鳥酢…大さじ3
　塩…小さじ1/2
　砂糖…ひとつまみ
　太白ゴマ油…360cc

1　常温に戻した卵黄をボウルに入れ、酢、塩、砂糖を加えてよく混ぜ合わせる。
2　1に太白ゴマ油を少しずつ加えて泡立て器で混ぜながら、乳化していく。

◎用途
酢の物、サラダその他さまざまな料理に。

◎保存
冷蔵庫で2週間。

オーロラソース

　マヨネーズ…大さじ5
　ケチャップ…大さじ3
　千鳥酢…大さじ1
　薄口醤油…小さじ1/2

混ぜ合わせる。

◎用途
野菜サラダ全般に。えび、いか、貝類、鶏肉のサラダにも。

◎保存
冷蔵庫で2週間。

和風タルタルソース

らっきょう…50g
万能ネギ…5本
黒コショウ…少量
マヨネーズ（p.103参照）…大さじ4
レモン果汁…大さじ1
薄口醤油…小さじ1/2

らっきょうはみじん切りにし、万能ネギは小口切りにする。すべての材料を混ぜ合わせる。

◎用途
魚介類の揚げ物全般に。鶏肉料理に添えるなど。

◎保存
冷蔵庫で5日間。

「和風タルタルソース」で作る
さば、帆立、たらの芽ミックスフライ 和風タルタル添え
作り方＞ p.260

ジュレ・あん

だしや合わせ酢にゼラチンを加え、ゆるく固めて作るジュレと、水溶き片栗粉でとろみをつけるあん。そのままでは流れてしまう調味液を料理の上にとどめておくことができ、食べやすさや見た目の美しさが増すのはもちろん、温度変化や乾燥を防ぐ効果もあります。

ジュレ

だしジュレ

だし…540cc
薄口醤油…45cc
みりん…45cc
板ゼラチン…1.5g×6枚(水に浸けてふやかしておく)

1　だし、薄口醤油、みりんを合わせて沸かし、ゼラチンを加えて溶かす。
2　1が冷めたらバットに流し、冷蔵庫で冷やし固める。

◎用途
野菜、魚介全般に合う。

◎保存
冷蔵庫で3日間。

「だしジュレ」で作る
新玉ねぎ豆腐　生うに、菜の花だしジュレがけ
作り方＞ p.260

土佐酢ジュレ

A
- だし…360cc
- 薄口醤油…15cc
- 濃口醤油…15cc
- みりん…30cc
- 千鳥酢…60cc
- 砂糖…少量

板ゼラチン…1.5g×5枚（水に浸けてふやかしておく）

1　Aを合わせて沸かし、ゼラチンを加えて溶かす。
2　1が冷めたらバットに流し、冷蔵庫で冷やし固める。

◎用途
酢の物全般に。

◎保存
冷蔵庫で5日間。

「土佐酢ジュレ」で作る

魚介と若布の土佐酢ジュレがけ

（2人分）
好みの魚介（刺身用）…適量
わかめ（塩蔵）…30g
土佐酢ジュレ…適量
花穂じそ…少量

1　わかめは水に浸けて戻し、水気を切り、ざく切りにする。
2　魚介は食べやすく切る。
3　2と1を器に盛り合わせ、土佐酢ジュレをスプーンで崩してかける。花穂じそを散らす。

ジュレ

ポン酢ジュレ

ポン酢(p.88参照)…150cc
だし…300cc
板ゼラチン…1.5g×4枚
　(水に浸けてふやかしておく)

1　ポン酢とだしを混ぜ合わせて温め、ゼラチンを加えて溶かす。
2　1が冷めたらバットに流し、冷蔵庫で冷やし固める。

◎用途
魚介類、肉類全般に合う。

◎保存
冷蔵庫で5日間。

塩ポン酢ジュレ

塩ポン酢(p.90参照)…150cc
昆布だし(p.14参照)…300cc
板ゼラチン…1.5g×4枚(水に浸けて
　ふやかしておく)

1　塩ポン酢と昆布だしを混ぜ合わせて温め、ゼラチンを加えて溶かす。
2　1が冷めたらバットに流し、冷蔵庫で冷やし固める。

◎用途
魚介類全般に合う。

◎保存
冷蔵庫で5日間。

生青海苔ジュレ

　だしジュレ（p.106参照）…200cc
　生青海苔…大さじ1

混ぜ合わせる。

◎用途
魚介類全般に。特に生牡蠣などの貝類に合う。

◎保存
冷蔵庫で3日間。

紅いも酢ジュレ

　A
　├ 紅イモ酢…100cc
　├ 昆布だし（p.14参照）…200cc
　├ 砂糖…大さじ1
　└ 塩…小さじ1/3
　板ゼラチン…1.5g×3枚
　　（水に浸けてふやかしておく）

1　Aを合わせて温め、ゼラチンを加えて溶かす。
2　1が冷めたらバットに流し、冷蔵庫で冷やし固める。

◎用途
酢の物全般に。野菜にも肉にも魚介にも合う。赤い色が欲しいときに便利。

◎保存
冷蔵庫で5日間。

ジュレ

すだちジュレ

A
- だし…360cc
- 薄口醤油…30cc
- みりん…60cc
- 千鳥酢…30cc
- スダチ果汁…40cc
（果汁を絞った後の皮も使用する）

板ゼラチン…1.5g×6枚
（水に浸けてふやかしておく）

1　Aを合わせて沸かし、ゼラチンを加えて溶かす。
2　1が冷めたらバットに流し、果汁を絞った後のスダチの皮も入れ、冷蔵庫で冷やし固める。固まったら皮はとり除く。

◎用途
さっぱりとした酢の物全般に。

◎保存
冷蔵庫で5日間。

「すだちジュレ」で作る

緑野菜のすだちジュレがけ

作り方＞ p.261

新生姜ジュレ

　土佐酢ジュレ（p.107参照）…200cc
　新生姜（すりおろし）…大さじ1

混ぜ合わせる。

◎用途
魚介類や鶏肉などを使った前菜に。冷やっこ、もずく酢、ところてんなどにも。

◎保存
冷蔵庫で5日間。

かぶみぞれジュレ

　だしジュレ（p.106参照）…200cc
　カブ（すりおろし）…大さじ2

混ぜ合わせる。

◎用途
白身魚、貝類、かにの酢の物などに。

◎保存
冷蔵庫で3日間。

ジュレ

きゅうりジュレ

土佐酢ジュレ（p.107参照）…200cc
キュウリ（すりおろし）…大さじ2

混ぜ合わせる。

◎用途
たこ、いか、穴子、鱧などの酢の物に。

◎保存
冷蔵庫で3日間。

トマトジュレ

トマト…5個
塩…小さじ2
板ゼラチン…1.5g×3枚
　（水に浸けてふやかしておく）

1　トマトはヘタをとり、ざく切りにし、塩をふって30分ほどおく。
2　1をすべてミキサーにかけ、さらしを敷いたザルにあけ、冷蔵庫に入れて一晩かけてゆっくり漉す。
3　2の汁を鍋に入れて温め、ゼラチンを加えて溶かす。
4　3が冷めたらバットに流し、冷蔵庫で冷やし固める。

◎用途
魚介類や野菜を使った前菜に。甘みをつけてデザートにも。

◎保存
冷蔵庫で5日間。

「きゅうりジュレ」で作る
いかともずくのきゅうりジュレがけ
作り方＞ p.261

あ
ん

べっこうあん

A 割合：
- だし…8
- 濃口醤油…1
- みりん…1

水溶き片栗粉…適量

Aを合わせて沸かし、水溶き片栗粉でとろみをつける。

◎用途
かぶら蒸し、魚介類の蒸し物、白がゆ、温やっこなどに。

◎保存
その日のうちに使い切る。

銀あん

A 割合：
- だし…18
- 薄口醤油…1
- みりん…1

水溶き片栗粉…適量

Aを合わせて沸かし、水溶き片栗粉でとろみをつける。

◎用途
色をつけたくない蒸し物、茶碗蒸し、飯蒸しなどに。

◎保存
その日のうちに使い切る。

あ
ん

旨だしあん

A 割合：
- だし…12
- 薄口醤油…1
- みりん…1

水溶き片栗粉…適量

Aを合わせて沸かし、水溶き片栗粉でとろみをつける。

◎用途
揚げ出し豆腐、魚介類の蒸し物などに。揚げまんじゅうにも。

◎保存
その日のうちに使い切る。

「旨だしあん」で作る
湯葉しんじょうの旨だしあんがけ
作り方＞ p.262

みぞれあん

旨だしあん（p.114参照）…200cc
大根おろし…大さじ2

混ぜ合わせる。

◎用途
魚介類の焼き物、揚げ物、蒸し物、揚げ出し豆腐などに。

◎保存
その日のうちに使い切る。

甘酢あん

A　割合：
- だし…10
- 千鳥酢…2
- 濃口醤油…1
- 砂糖…0.4

水溶き片栗粉…適量

Aを合わせてひと煮立ちさせ、水溶き片栗粉でとろみをつける。

◎用途
魚介類、鶏肉、豚肉の焼き物、蒸し物、揚げ物などに。

◎保存
その日のうちに使い切る。

あん

梅あん

銀あん（p.113参照）…200cc
梅肉…大さじ1

銀あんに、たたいた梅肉を混ぜ合わせる。

◎用途
魚介類の蒸し物、焼き物、揚げ物、茶碗蒸しなどに。

◎保存
その日のうちに使い切る。

白味噌あん

A 割合：
- だし…10
- 白味噌…1
- 薄口醤油…0.5
- みりん…0.5

水溶き片栗粉…適量

Aを合わせてひと煮立ちさせ、水溶き片栗粉でとろみをつける。

◎用途
魚介類、鶏肉、豚肉の焼き物、蒸し物、揚げ物に。大根、かぶ、里いもの煮物などにも。

◎保存
その日のうちに使い切る。

「梅あん」で作る
梅茶碗蒸し
作り方＞ p.262

和え衣

和え物に用いるさまざまな衣です。料理に添えて、たれや薬味として使えるものも。素材とのバランスを考え、相性のいいものを選んで使用します。

和え衣

胡麻和え衣

白すりゴマ…大さじ4
濃口醤油…大さじ2
煮切り酒…大さじ1
砂糖…大さじ1

混ぜ合わせる。

◎用途
胡麻和え全般に。

◎保存
冷蔵庫で1週間。

胡麻クリーム

白練りゴマ…50g
煮切り酒…大さじ2
濃口醤油…大さじ1/2
砂糖…大さじ1/2

混ぜ合わせる。

◎用途
柿、いちじく、いも系の素材などに合う。

◎保存
冷蔵庫で1週間。

「胡麻和え衣」で作る
うるい、菜の花　胡麻和え

（2人分）
うるい…1把
菜の花…1把
塩…適量
お浸し地（p.27参照）…適量
胡麻和え衣…適量

1　うるい、菜の花はそれぞれ塩ゆでして氷水にとり、しっかり水気を絞り、お浸し地に漬ける。
2　1の水気をしっかり絞り、胡麻和え衣でさっと和える。器に盛る。

鯛茶用胡麻だれ

カシューナッツ…200g
白練りゴマ…100g
煮切り酒…200cc
濃口醤油…100cc
薄口醤油…50cc
みりん…60cc

カシューナッツは乾煎りし、香りを立たせる。すべての材料を合わせてミキサーにかける。

◎用途
鯛茶漬けの胡麻だれとして。他の魚にも使える。

◎保存
冷蔵庫で1週間。

梅胡麻

梅干し(塩分8％ほどのもの)…50g
白ゴマ…大さじ1
みりん…小さじ1
造り醤油(p.137参照)…小さじ1
太白ゴマ油…小さじ1

梅干しは種をとり除き、包丁でたたく。すべての材料を混ぜ合わせる。

◎用途
お造りのつけだれとして。野菜の和え物にも。

◎保存
冷蔵庫で1ヵ月間。

和え衣

白和え衣（胡麻）

　木綿豆腐…150g
　砂糖…大さじ1
　薄口醤油…小さじ1
　白練りゴマ…大さじ1

豆腐はさらしに包んでおき、しっかり水切りする。すべての材料を合わせてミキサーにかける。

◎用途
白和え全般に。

◎保存
冷蔵庫で3日間。

白和え衣（クリーム）

　木綿豆腐…150g
　砂糖…大さじ1
　生クリーム…大さじ2
　薄口醤油…小さじ1

豆腐はさらしに包んでおき、しっかり水切りする。すべての材料を合わせてミキサーにかける。

◎用途
アスパラガス、枝豆、トウモロコシなどの白和えに。

◎保存
冷蔵庫で3日間。

白和え衣(チーズ)

　木綿豆腐…150g
　マスカルポーネチーズ…大さじ3
　砂糖…小さじ2
　粗塩…小さじ1/3

豆腐はさらしに包んでおき、しっかり水切りする。すべての材料を合わせてミキサーにかける。

◎用途
柿、イチゴ、アボカド、マスカットなど、果物の白和えに。

◎保存
冷蔵庫で3日間。

「白和え衣(チーズ)」で作る
いちごの白和え

　(2人分)
　イチゴ…6粒
　白和え衣(チーズ)…適量

イチゴのヘタをとり、食べやすく切り、白和え衣で和えて、器に盛る。

和え衣

胡桃和え衣

クルミ（むき実）…60g
濃口醤油…大さじ3
砂糖…大さじ3
太白ゴマ油…大さじ1
煮切り酒…大さじ1

クルミは乾煎りして香りを立たせてから、すり鉢でする。他の材料を加えて混ぜ合わせる。

◎用途
ホウレン草、根菜類、アスパラガスなどの和え物に。

◎保存
冷蔵庫で1週間。

「胡桃和え衣」で作る

金時にんじんとローストビーフ胡桃和え

（2人分）
金時ニンジン…200g
塩…少量
ローストビーフ…100g
胡桃和え衣…適量
黒コショウ…少量

1　金時ニンジンはマッチ棒ほどの細切りにし、塩をふって20分ほどおく。さっと洗い、水気を絞る。
2　ローストビーフは細切りにする。
3　1、2を合わせて胡桃和え衣で和えて、器に盛り、黒コショウをふる。

胡桃だれ

　クルミ（むき実）…100g
　麺つゆ（冷製・つけ用。p.30参照）
　　…400cc

クルミを乾煎りして香りを立たせ、麺つゆとともにミキサーにかける。

◎用途
そば、うどん、そうめんのたれに。ゆでた野菜にかけても。

◎保存
冷蔵庫で3日間。

梅和え衣

　赤梅肉…大さじ4
　煮切り酒…大さじ1
　砂糖…大さじ1½
　濃口醤油…小さじ1/2
　太白ゴマ油…小さじ1

混ぜ合わせる。

◎用途
魚介と野菜の和え物全般に。鱧おとしのつけだれとして。

◎保存
冷蔵庫で1ヵ月間。

和え衣

練り酒盗

卵黄…5個
かつおの酒盗（甘口）…大さじ4
みりん…大さじ4
だし…大さじ6
砂糖…大さじ1/2
太白ゴマ油…大さじ1

すべての材料をボウルに入れて混ぜ合わせ、湯煎にかけながら練る。

◎用途
白身魚、いか、たこ、えび、貝類のお造りのつけだれに。ゆで野菜にかけて。そのまま酒のあてにも。

◎保存
冷蔵庫で3日間。

「練り酒盗」で作る

あおりいか、紅芯大根 練り酒盗がけ

（2人分）
あおりいか（刺身用サク）…150g
紅芯大根…100g
練り酒盗…適量

1　いかは両面に包丁目を入れ、一口大に切る。
2　紅芯大根は食べやすく切る。
3　練り酒盗を器に敷き、1、2を盛り合わせる。

「からすみ塩昆布」で作る
白身魚造り　からすみ塩昆布

（2人分）
白身魚（刺身用サク）…150g
みょうが…2個
芽ネギ…1パック
スプラウト…1パック
スダチ…1個
わさび（すりおろし）…少量
からすみ塩昆布…適量

1　みょうがはせん切りに、芽ネギとスプラウトは3等分に切る。合わせて水にさらしてシャキッとさせ、水気をしっかり切る。
2　白身魚は一口大のそぎ切りにする。
3　1、2を器に盛り合わせ、切ったスダチ、おろしわさび、からすみ塩昆布を添える。

からすみ塩昆布

からすみ…50g
塩昆布…30g
太白ゴマ油…大さじ2
造り醤油（p.137参照）…小さじ1

からすみと塩昆布はみじん切りにする。すべての材料を混ぜ合わせる。

◎用途
白身魚、いか、たこ、えび、貝類のお造りのつけだれとして。和風パスタや野菜の和え物にも。

◎保存
冷蔵庫で2週間。

和え衣

長いも柚子胡椒

　長イモ…100g
　柚子コショウ…小さじ1
　塩…ひとつまみ
　太白ゴマ油…小さじ1

長イモの皮をむき、包丁でたたいてとろろ状にする。すべての材料を混ぜ合わせる。

◎用途
焼き魚、鶏肉や豚肉の焼き物にかける。まぐろ、かつおのお造りに添えるなど。

◎保存
冷蔵庫で3日間。

生姜一味

　生姜…50g
　一味唐辛子…小さじ1/4
　塩…ひとつまみ

生姜をすりおろし、一味唐辛子と塩を加えて混ぜ合わせる。

◎用途
あじ、いわし、かつおのお造りの薬味に。焼いた肉に添える。麺類の薬味にも。

◎保存
冷蔵庫で3日間。

辛子和え衣

　練りガラシ…大さじ1/2
　だし…大さじ2
　濃口醤油…小さじ2
　みりん…小さじ1
　太白ゴマ油…小さじ1

混ぜ合わせる。

◎用途
菜の花、青菜類の辛子和えに。

◎保存
冷蔵庫で3日間。

卯の花和え衣

　おから…300g
　A
　├ 酢…大さじ2
　├ 砂糖…大さじ1
　└ 粗塩…小さじ1/2

1　おからを目の細かいザルに入れ、水を張ったボウルに浸けて、手でもむ。水に出たおからをさらしで漉して、絞って水気を切る。
2　1のおからを鍋に入れてAを加えて混ぜ、弱火で煎ってぽろぽろにする。

◎用途
えび、しめさば、ゆで野菜などの卯の花和えに。

◎保存
冷蔵庫で5日間。

和え衣

まさご和え衣

　たらこ…50g
　太白ゴマ油…大さじ1
　薄口醤油…小さじ1/2

たらこは薄皮から出してほぐし、太白ゴマ油と薄口醤油を加えて混ぜ合わせる。

◎用途
いか、たこ、貝類、えび、ゆで野菜の和え衣に。

◎保存
冷蔵庫で3日間。

酒粕和え衣

　酒粕…大さじ2
　白味噌…大さじ1
　薄口醤油…小さじ1½
　太白ゴマ油…大さじ1

混ぜ合わせる。

◎用途
ゆで野菜、こんにゃくなどの和え衣に。

◎保存
冷蔵庫で5日間。

玉子の素

卵黄…3個
太白ゴマ油…150cc
塩…ひとつまみ

1　常温に戻した卵黄をボウルに入れ、塩を加えて混ぜ合わせる。
2　1に太白ゴマ油を少しずつ加えながら泡立て器で混ぜ合わせ、マヨネーズ状にする。

◎用途
しんじょう、つくねなどのつなぎに。素焼きの生地のベースに。魚介類の和え物などに。
＊p.236の料理に使用している。

◎保存
冷蔵庫で3日間。

玉子そぼろ

ゆで卵（黄身）…5個
千鳥酢…大さじ3
砂糖…大さじ1
粗塩…小さじ1/2

1　ゆで卵の黄身だけをとり出し、裏漉す。
2　1を鍋に入れて調味料を加えて混ぜ、弱火で煎ってぽろぽろにする。

◎用途
えび、小鯛の酢締め、こはだなどの和え衣に。

◎保存
冷蔵庫で5日間。

「玉子そぼろ」で作る
車海老、せり、しいたけそぼろ和え
作り方＞ p.263

揚げ衣

基本の天ぷら衣と、そのバリエーション。その他の変わり揚げの衣です。

天ぷら衣

卵黄…1個
冷水…150cc
薄力粉…90g

卵黄と冷水をよく混ぜ、薄力粉を加えてさっくり混ぜる。

◎用途
天ぷら全般に。

◎保存
その日のうちに使い切る。

金ぷら衣

卵黄…2個
冷水…100cc
薄力粉…80g

卵黄と冷水をよく混ぜ、薄力粉を加えてさっくり混ぜる。

◎用途
えび、鶏肉などの揚げ物に。
＊卵黄の割合が高いため、黄色みの強い天ぷらになる。

◎保存
その日のうちに使い切る。

揚げ衣

ベニエ衣

ビール…200cc
薄力粉…100g

混ぜ合わせる。

◎用途
さまざまな素材の揚げ物に。
＊炭酸の効果で衣がサクッと揚がるので、特に穴子、鮎など身のやわらかい魚に使うとおいしい。
＊p.174の料理に使用している。

◎保存
冷蔵庫で2日間。

黒胡麻衣

天ぷら衣（p.131参照）…200cc
黒すりゴマ…大さじ2

混ぜ合わせる。

◎用途
イチジク、アスパラガス、サツマイモの天ぷらなどに。

◎保存
その日のうちに使い切る。

青海苔衣

　天ぷら衣（p.131参照）…200cc
　生青海苔…大さじ1

混ぜ合わせる。

◎用途
魚介の天ぷら全般に。特に牡蠣、穴子に合う。

◎保存
その日のうちに使い切る。

きなこ衣

　きなこ…80g
　薄力粉…40g
　冷水…250cc

混ぜ合わせる。

◎用途
辛子れんこんなど、根菜系の揚げ物に。

◎保存
冷蔵庫で3日間。

「青海苔衣」で作る
白魚の磯辺揚げ

（2人分）
　白魚…200g
　青海苔衣…適量
　薄力粉…適量
　揚げ油…適量
　塩…少量
　スダチ…1個

1　白魚は塩水でさっと洗い、しっかり水気をふく。
2　1に薄力粉を薄くまぶし、青海苔衣をつけて、170℃の油で揚げる。
3　器に盛り、切ったスダチ、塩を添える。

揚げ衣

白扇揚げ衣

薄力粉…80g
片栗粉…40g
冷水…200cc

混ぜ合わせる。

◎用途
白く仕上げたい揚げ物全般に。

◎保存
その日のうちに使い切る。

ドーナッツ衣

A
├ 卵…1個
├ 砂糖…50g
├ 塩…ひとつまみ
└ 牛乳…60cc
B
├ 薄力粉…160g
└ ベーキングパウダー…小さじ1

Aをよく混ぜ合わせ、Bを加える。

◎用途
この衣だけを丸めて揚げればドーナッツに。また、じゃこなどの具材を混ぜ込んで揚げ、おつまみにしてもよい。ウインナーなどにつけて揚げても。

◎保存
その日のうちに使い切る。

おかき揚げ衣

　柿の種（米菓）…200g

ミキサーで砕く。

◎用途
えび、帆立貝、いか、白身魚、鶏ささみ、煮た里イモ、ゴボウ、レンコンなどの衣に。
＊素材に小麦粉、卵白をつけ、衣をつける。

◎保存
湿気ないようにして常温で1ヵ月。

木の実揚げ衣

　クルミ（むき実）…50g
　ピーナッツ…50g
　アーモンド…50g

合わせてミキサーで砕く。

◎用途
えび、サーモン、鶏ささみ、根菜類などの衣に。
＊素材に小麦粉、卵白をつけ、衣をつける。

◎保存
湿気ないようにして常温で1ヵ月。

「おかき揚げ衣」で作る
ごぼう、アボカド　おかき揚げ
作り方＞ p.263

つけ醬油・つけ塩

おもにお造りに添えるつけ醬油と、揚げ物などに添えるつけ塩です。肉料理によく合うものもあります。

造り醤油

濃口醤油…360cc
たまり醤油…180cc
酒…120cc
みりん…100cc
かつお節…30g

すべてを合わせてひと煮立ちさせ、弱火にして5分ほど煮る。冷まして漉す。

◎用途
お造り全盤のつけ醤油として。
＊p.160、p.164、p.242の料理に使用している。

◎保存
冷蔵庫で3ヵ月間。

割り醤油

濃口醤油…50cc
だし…50cc

混ぜ合わせる。

◎用途
お造りのつけ醤油として。特に白身魚や貝類など、造り醤油では強すぎると感じる繊細な甘みの魚介類に。冷やっこ、納豆などにも。

◎保存
冷蔵庫で1週間。

つけ醬油

納豆醬油

納豆…50g
造り醬油（p.137参照）…50cc
卵黄…1個
煮切り酒…30cc
練りガラシ…小さじ1/2
太白ゴマ油…大さじ1

合わせてミキサーにかける。

◎用途
かつお、まぐろ、いかのお造りのつけ醬油に。

◎保存
冷蔵庫で1週間。

「納豆醬油」で作る
かつおの納豆醬油丼

（2人分）
かつお（刺身用サク）…200g
ご飯…丼2杯
焼き海苔…1枚
万能ネギ…3本
納豆醬油…適量

1　かつおは一口大に切る。
2　万能ネギは小口切りにする。
3　丼にご飯を入れ、海苔をちぎってのせて、1を敷き詰める。
4　納豆醬油をかけて、2を散らす。ちぎった海苔も少量散らす。

海苔醤油

焼き海苔…1枚
酒…30cc
だし…30cc
造り醤油(p.137参照)…50cc

1　海苔をちぎって鍋に入れ、酒とだしを加えてふやかす。
2　1を火にかけ、ひと煮立ちしたら造り醤油を加え、弱火で5分ほど煮る。冷まして使用する。

◎用途
お造りのつけ醤油に。ご飯のお供にも。

◎保存
冷蔵庫で1週間。

「海苔醤油」で作る
ぶりと長いものとんぶり和え

(2人分)
ぶり(刺身用サク)…150g
長イモ…100g
とんぶり…大さじ1
海苔醤油…適量

1　ぶりは一口大に切る。
2　長イモは皮をむき、せん切りにする。
3　1と2を器に盛り、とんぶりをのせて海苔醤油をかける。

つけ醤油

胡麻醤油

　白練りゴマ…大さじ1
　白すりゴマ…大さじ1
　造り醤油（p.137参照）…50cc

混ぜ合わせる。

◎用途
まぐろ、かつお、ぶり、鯛などのお造りのつけ醤油として。

◎保存
冷蔵庫で1ヵ月間。

梅醤油

　梅干し（塩分8％ほどのもの）…50g
　造り醤油（p.137参照）…50cc
　煮切り酒…大さじ1

梅干しの種をとり除いてたたく。造り醤油と煮切り酒を加えて混ぜ合わせる。

◎用途
白身魚、いか、たこなどのお造りのつけ醤油に。豚しゃぶ、ゆで鶏のつけだれにも。

◎保存
冷蔵庫で1ヵ月間。

「胡麻醤油」で作る

胡麻さば
作り方＞ p.264

レモン醤油

割合：
- レモン果汁…1
- だし…1
- 造り醤油（p.137参照）…1

混ぜ合わせる。

◎用途
白身魚、いか、たこ、貝、えびのお造りのつけ醤油に。

◎保存
冷蔵庫で1週間。

煎り酒

A
- 水…200cc
- 酒…400cc
- 梅干し（塩分10％ほどのもの）…5粒
- 粗塩…小さじ1
- だし昆布…10g

薄口醤油…大さじ2
かつお節…10g

Aを鍋に入れて火にかけ、沸いたら弱火にして10分煮る。薄口醤油とかつお節を加え、ひと煮立ちさせる。冷ましてから漉す。

◎用途
白身魚のお造りのつけだれとして。
＊醤油が一般に普及する前の時代から使われていた合わせ調味料。

◎保存
冷蔵庫で1週間。

「煎り酒」で作る
平目昆布締め　煎り酒がけ
作り方＞ p.264

つけ醬油

玉ねぎ醬油

玉ネギ…1/2個
造り醬油（p.137参照）…50cc
太白ゴマ油…小さじ1

玉ネギはすりおろして水気を絞り、造り醬油、太白ゴマ油を加えて混ぜ合わせる。

◎用途
かつおのたたきやお造り、牛のたたきのつけ醬油などに。

◎保存
冷蔵庫で3日間。

「玉ねぎ醬油」で作る

牛たたき　玉ねぎ醬油

（2人分）
牛いちぼ肉（塊）…200g
塩…少量
黒コショウ…少量
みょうが…2個
芽ネギ…1パック
スプラウト…1パック
玉ねぎ醬油…適量

1　みょうがはせん切りに、芽ネギとスプラウトは3等分に切る。合わせて水にさらしてシャキッとさせ、水気をしっかり切る。

2　牛肉は塩をふって直火であぶり、たたきにする。

3　2を一口大の薄切りにし、黒コショウをふる。

4　3を器に盛って玉ねぎ醬油をかけ、1を添える。

竹の子醬油

竹の子（吸い地で炊いたものの切れ端
　など）…100g
造り醬油（p.137参照）…50cc
太白ゴマ油…大さじ2

合わせてミキサーにかける。

◎用途
白身魚やいかのお造りのつけ醬油に。

◎保存
冷蔵庫で3日間。

ごぼう醬油

ゴボウ…80g
ゴマ油…大さじ2
だし…50cc
造り醬油（p.137参照）…50cc

1　ゴボウをささがきにして、ゴマ油で
しんなりするまで炒める。だしを加えて
ひと煮立ちさせる。
2　1が冷めたらすべてミキサーに入れ、
造り醬油を加えて撹拌する。

◎用途
ぶり、まぐろの中トロ、サーモンなどの
お造りのつけ醬油に。肉料理のソースに
も。

◎保存
冷蔵庫で3日間。

「竹の子醬油」で作る
さよりの造り
竹の子醬油
作り方＞ p.265

つけ醬油

春菊醬油

春菊…1/2把
太白ゴマ油…大さじ1
造り醬油（p.137参照）…50cc

春菊をゆでて、水気をしっかり絞る。すべての材料を合わせてミキサーにかける。

◎用途
ぶり、まぐろ、かつお、サーモンなどのお造りのつけ醬油に。和え物に。肉料理のソースにも。

◎保存
冷蔵庫で3日間。

トマト醬油

トマト…1個
造り醬油（p.137参照）…50cc
煮切り酒…大さじ1

トマトは皮を湯むきして、包丁で粗みじんに切る。すべての材料を混ぜ合わせる。

◎用途
白身魚、いか、貝、えび、たこのお造りのつけ醬油に。鶏肉、豚肉料理のソースにも。

◎保存
冷蔵庫で3日間。

「春菊醬油」で作る
蟹とえのきの春菊和え
作り方＞ p.265

セロリ醤油

セロリ…50g
造り醤油（p.137参照）…50cc
太白ゴマ油…大さじ1

セロリはみじん切りにする。すべての材料を混ぜ合わせる。

◎用途
たこ、貝類、青魚のお造りのつけ醤油に。和え物に。牛のたたき、ゆで鶏などに添えても。

◎保存
冷蔵庫で3日間。

焼きなす醤油

ナス…3本
太白ゴマ油…大さじ1
造り醤油（p.137参照）…40cc

ナスは焼きナスにして皮をむき、包丁で粗くたたく。他の材料と混ぜ合わせる。

◎用途
かつお、まぐろ、他の青魚のお造りのつけ醤油に。和え物にも。

◎保存
冷蔵庫で3日間。

「焼きなす醤油」で作る

鯵と焼きなすタルタル仕立て

作り方＞ p.265

つけ醤油

しいたけ醤油

シイタケ（大）…5枚
太白ゴマ油…大さじ2
造り醤油（p.137参照）…50cc

1　シイタケは軸を切り落として薄切りにし、太白ゴマ油で炒めて香りを立たせる。
2　1と造り醤油を合わせてミキサーにかける。

◎用途
ぶり、まぐろの中トロ、サーモンなどのお造りのつけ醤油に。肉料理のソースにも。

◎保存
冷蔵庫で3日間。

松茸醤油

マツタケ…50g
だし…100cc
造り醤油（p.137参照）…50cc

1　マツタケは、根元の固い部分を削り落とし、薄切りにする。
2　1をだしで煮て、アクをしっかりとる。
3　2が冷めたらすべてミキサーに入れ、造り醤油を加えて撹拌する。

◎用途
白身魚、ぶり、まぐろのお造りのつけ醤油に。

◎保存
冷蔵庫で3日間。

「松茸醬油」で作る
かます棒寿司　松茸醬油
作り方> p.266

つけ醤油

うに醤油

生うに…50g
造り醤油(p.137参照)…30cc
煮切り酒…30cc
砂糖…少量
塩…少量

1 うにに塩をふって蒸し、裏漉す。
2 1に造り醤油、煮切り酒を加えてのばし、砂糖を少量加える。

◎用途
白身魚、いか、えび、たこ、貝類のお造りのつけ醤油に。

◎保存
冷蔵庫で3日間。

酒盗醤油

かつおの酒盗…大さじ2
煮切り酒…大さじ1
造り醤油(p.137参照)…大さじ1

混ぜ合わせる。

◎用途
白身魚、いか、たこ、かつおのお造りのつけ醤油に。

◎保存
冷蔵庫で5日間。

黒にんにく醤油

　黒ニンニク…50g
　造り醤油（p.137参照）…50cc
　太白ゴマ油…大さじ1

黒ニンニクを裏漉し、他の材料を加えて混ぜ合わせる。

◎用途
肉の焼き物のつけだれとして。まぐろ、かつおのお造りのつけ醤油にも。

◎保存
冷蔵庫で1週間。

黒胡麻辛子醤油

　黒すりゴマ…大さじ3
　溶きガラシ…小さじ1
　ゴマ油…大さじ1
　造り醤油（p.137参照）…大さじ5

混ぜ合わせる。

◎用途
かつお、ぶり、まぐろ、青魚のお造りのつけ醤油に。肉料理のソースにも。

◎保存
冷蔵庫で1週間。

つけ醬油

卵黄醬油

卵黄…5個
濃口醬油…200cc
みりん…50cc
だし昆布…3g

1　濃口醬油、みりん、だし昆布を混ぜ合わせる。
2　卵黄を壊さないように1に静かに入れる。冷蔵庫で2日間ねかせる。

◎用途
お造り全般のつけ醬油に。ご飯にのせて。冷やっこなどにも。

◎保存
冷蔵庫で1週間。

「卵黄醬油」で作る

甘海老、卵黄醬油ご飯

(2人分)
甘えび(刺身用)…10本
ご飯…茶碗2杯
卵黄醬油…適量
万能ネギ(小口切り)…3本分
わさび(すりおろし)…少量

1　甘えびは殻をむき、卵黄醬油で和える。
2　茶碗にご飯をよそい、1の甘えびをのせ、卵黄ものせる。万能ネギとおろしわさびを添える。

「ふわふわ卵黄醤油」で作る
ホワイトアスパラ ふわふわ卵黄醤油がけ

（2人分）
ホワイトアスパラガス…4本
生うに…80g
塩…少量
ふわふわ卵黄醤油…適量
花穂じそ…少量

1　ホワイトアスパラガスはピーラーで皮をむく。
2　鍋に湯を沸かし、塩とアスパラガスの皮を入れ、その中でアスパラガスを、火が通るまでゆでる。
3　2を食べやすく切って器に盛り、ふわふわ卵黄醤油をかけ、生うにをのせる。花穂じそを散らす。

ふわふわ卵黄醤油

卵黄…3個
だし…大さじ3
薄口醤油…大さじ1
砂糖…小さじ1

すべての材料をボウルに入れ、湯煎にかけて泡立て器で泡立て、もったりさせる。

◎用途
まぐろ、サーモン、うにのお造りのつけ醤油に。ゆでたアスパラガス、イモ類などのソースとしても。

◎保存
冷蔵庫で3日間。

つけ塩

山椒塩

焼き塩…大さじ1
粉山椒…小さじ1/2

混ぜ合わせる。

◎用途
天ぷら、鶏の唐揚げ、とんかつ、肉の焼き物に添える。

◎保存
常温で1ヵ月間。

ゆかり塩

焼き塩…大さじ1
ゆかり…小さじ1

混ぜ合わせる。

◎用途
天ぷら、鶏の唐揚げ、とんかつ、魚介や肉の焼き物に添える。

◎保存
常温で2ヵ月間。

「ゆかり塩」で作る

手羽焼き　ゆかり塩　レモン

（2人分）
鶏手羽先…8本
レモン…1/4個
ゆかり塩…適量

1　手羽先は開いて、焼き台で焼く。
2　1を器に盛り、ゆかり塩、レモンを添える。

カレー塩

　焼き塩…大さじ1
　カレー粉…小さじ1/2

混ぜ合わせる。

◎用途
天ぷら、鶏の唐揚げ、とんかつ、肉の焼き物に添える。

◎保存
常温で2ヵ月間。

抹茶塩

　焼き塩…大さじ1
　抹茶…小さじ1

混ぜ合わせる。

◎用途
天ぷら、鶏の唐揚げ、とんかつに添える。

◎保存
常温で2ヵ月間。

つけ塩

胡麻一味塩

焼き塩…大さじ1
白すりゴマ…大さじ1
一味唐辛子…小さじ1/2

混ぜ合わせる。

◎用途
天ぷら、鶏の唐揚げ、とんかつ、肉の焼き物に添える。

◎保存
常温で1ヵ月間。

塩黒胡椒胡麻油

粗塩…小さじ1
黒コショウ…小さじ1/3
ゴマ油…大さじ4

混ぜ合わせる。

◎用途
まぐろ、かつおのお造り、牛たたき、ゆで鶏のつけだれに。

◎保存
常温で1ヵ月間。

塩わさび

　本わさび（すりおろし）…大さじ1
　粗塩…小さじ1/2

混ぜ合わせる。

◎用途
白身魚、いか、たこ、貝、えび、まぐろ
のお造り、肉類の焼き物に添える。

◎保存
保存はせず、すぐに使い切る。

「塩わさび」で作る
鶏レバーあぶり焼き　塩わさび

（2人分）
鶏レバー…150g
セリのお浸し…適量
塩わさび…適量
スダチ…1個

1　鶏レバーは掃除して、焼き台でレア
に焼く。
2　1を一口大に切り、セリのお浸しと
ともに器に盛り、塩わさび、切ったスダ
チを添える。

変わりおろし

おもに大根おろしに他の素材を加えて作る、おろし野菜のバリエーションです。ちょっとした工夫ですが、単に白い大根おろしを添えるより、料理の価値がぐっと上がります。

黄身おろし

大根おろし…50g
卵黄…1個
塩…ひとつまみ

混ぜ合わせる。

◎用途
魚の照り焼きや、肉料理全般に添える。

◎保存
冷蔵庫で3日間。

「黄身おろし」で作る
鴨の照り焼き 九条ねぎ添え 黄身おろし

（2人分）
合鴨胸肉…1枚
九条ネギ…2本
太白ゴマ油…適量
焼きとりだれ（p.56参照）…適量
黄身おろし…大さじ2

1　合鴨肉は、皮目に包丁目を入れて串を打ち、途中で焼きとりだれを3、4回かけながら焼き台で焼く。少しやすませる。
2　九条ネギは斜め薄切りにして、太白ゴマ油で和える。
3　1を一口大の薄切りにし、2とともに器に盛り、黄身おろしを添える。

変わりおろし

きゅうりおろし

キュウリ…1本
塩…ひとつまみ
太白ゴマ油…小さじ1

キュウリはすりおろして水気を切り、塩、太白ゴマ油を加えて混ぜ合わせる。

◎用途
魚介の和え物に。うなぎ、穴子、鱧料理に添えるなど。

◎保存
冷蔵庫で3日間。

にんじんおろし

大根おろし…50g
ニンジン…50g
塩…ひとつまみ
太白ゴマ油…小さじ1

1　ニンジンは皮をむき、すりおろす。
2　すべての材料を混ぜ合わせる。

◎用途
魚介類の和え物に。焼いた肉に添えても。

◎保存
冷蔵庫で3日間。

「きゅうりおろし」で作る
ほっき貝あぶり　きゅうりおろし和え
作り方＞ p.266

山いもおろし

大根おろし…50g
長イモ…50g
塩…ひとつまみ

長イモは皮をむいて包丁でたたき、大根おろしと塩を加えて混ぜ合わせる。

◎用途
さわらやまながつお、特に味噌漬けにしたものなど、ぱさつきやすい魚料理に添えるとよい。和え物にも。

◎保存
冷蔵庫で3日間。

ゴーヤおろし

大根おろし…50g
ゴーヤ…50g
太白ゴマ油…小さじ1
塩…ひとつまみ

1　ゴーヤは種とワタをスプーンでとり除き、薄切りにし、さっとゆでて水気を絞る。
2　すべての材料を混ぜ合わせる。

◎用途
豚肉、牛肉の焼き物に添える。

◎保存
冷蔵庫で3日間。

変わりおろし

春菊おろし

大根おろし…50g
春菊(葉)…30g
塩…ひとつまみ
煎り白ゴマ…小さじ1

1　春菊の葉はさっとゆでて、水に落とし、水気を絞って粗みじんに切る。
2　すべての材料を混ぜ合わせる。

◎用途
焼き魚全般、赤身肉の焼き物に添える。和えてもよい。

◎保存
冷蔵庫で3日間。

菜の花辛子おろし

大根おろし…50g
菜の花…1/4把
練りガラシ…小さじ1/3
太白ゴマ油…小さじ1
塩…ひとつまみ

1　菜の花は固めにゆでて、水に落とし、水気をしっかり絞って粗く刻む。
2　すべての材料を混ぜ合わせる。

◎用途
焼き魚全般、鶏肉や豚肉の焼き物に添える。まぐろ、かつお、いかのお造りを和えてもよい。

◎保存
冷蔵庫で3日間。

「春菊おろし」で作る

まぐろのたたき
春菊おろし和え
作り方＞ p.266

木の芽おろし

　大根おろし…50g
　木の芽…3g

木の芽を包丁でたたき、大根おろしと混ぜ合わせる。

◎用途
焼き竹の子、魚の照り焼きに添えるなど。

◎保存
冷蔵庫で3日間。

「木の芽おろし」で作る
竹の子と鯛の唐揚げ 木の芽おろし

（2人分）
竹の子含め煮（p.206参照）…1本
鯛（上身）…150g
片栗粉…適量
A
├ 醤油…大さじ1
├ みりん…大さじ1
└ 粉山椒…少量
揚げ油…適量
木の芽おろし…大さじ2
スダチ…1個

1　鯛は一口大に切り、Aをもみ込んで10分ほどおく。水気をふく。
2　竹の子含め煮は、食べやすい大きさに切る。
3　1、2に片栗粉をまぶし、170℃の油でカリッと揚げる。
4　器に盛り合わせ、木の芽おろしと半分に切ったスダチを添える。

変わりおろし

ホワイトセロリおろし

大根おろし…50g
ホワイトセロリ…30g
太白ゴマ油…小さじ1
塩…ひとつまみ

ホワイトセロリはみじん切りにする。すべての材料を混ぜ合わせる。

◎用途
脂ののった魚や鶏肉、豚肉の焼き物に添える。たこ、貝類などの和え物にも。

◎保存
冷蔵庫で3日間。

モロヘイヤおろし

大根おろし…50g
モロヘイヤ…50g
塩…ひとつまみ

モロヘイヤはさっとゆでて水に落とし、水気を絞ってみじん切りにし、他の材料と混ぜ合わせる。

◎用途
焼き魚全般や鶏肉、豚肉の焼き物に添える。魚介類の和え物にも。

◎保存
冷蔵庫で3日間。

合わせ薬味おろし

大根おろし…50g
みょうが…1個
大葉…3枚
生姜…5g
太白ゴマ油…小さじ1
塩…ひとつまみ

1　みょうが、大葉、生姜はみじん切りにする。
2　すべての材料を混ぜ合わせる。

◎用途
焼き魚、肉の焼き物全般に添える。お造りの薬味として。冷たい麺類にも。
＊p.174の料理に使用している。

◎保存
冷蔵庫で3日間。

海苔わさびおろし

大根おろし…50g
焼き海苔…1/4枚
わさび（すりおろし）…小さじ1
薄口醤油…小さじ1/2

焼き海苔はちぎる。すべての材料を混ぜ合わせる。

◎用途
焼き魚全般に添える。まぐろのお造り、貝柱の和え物などにも。

◎保存
冷蔵庫で3日間。

変わりおろし

しば漬けおろし

大根おろし…50g
しば漬け…30g
太白ゴマ油…小さじ1

しば漬けはみじん切りにし、他の材料と混ぜ合わせる。

◎用途
焼き魚全般や鶏肉、豚肉の焼き物に添える。冷たい麺の薬味としても。

◎保存
冷蔵庫で3日間。

ペコロス酒盗おろし

大根おろし…50g
ペコロス…1個
かつおの酒盗…小さじ1
みりん…小さじ1

ペコロスはみじん切りにし、他の材料と混ぜ合わせる。

◎用途
白身魚の焼き物に添える。かつお、まぐろのお造りのつけだれとしても。

◎保存
冷蔵庫で3日間。

「しば漬けおろし」で作る
ささみ湯引き しば漬けおろし

作り方> p.267

粒マスタードおろし

大根おろし…50g
粒マスタード…大さじ1
塩…ひとつまみ

混ぜ合わせる。

◎用途
ぶり、サーモンの焼き物や、肉料理全般に添える。

◎保存
冷蔵庫で3日間。

「粒マスタードおろし」で作る

サーモン利久焼き 粒マスタードおろし

（2人分）
サーモン（上身）…200g
利久地（p.58参照）…適量
粒マスタードおろし…大さじ3
スダチ…1個

1　サーモンは食べやすく切り、利久地に40分漬ける。
2　1の水気をふきとって串を打ち、途中で3、4回利久地を塗りながら焼き台で焼く。
3　2を器に盛り、粒マスタードおろし、半分に切ったスダチを添える。

変わりおろし

りんごおろし

大根おろし…50g
りんごピューレ（p.175参照）
　…大さじ1
リンゴ…20g

リンゴ（皮は好みでむいてもよい）は5mm角に切る。すべての材料を混ぜ合わせる。

◎用途
焼いた鴨、鶏、豚などの肉と相性がよい。

◎保存
冷蔵庫で3日間。

「りんごおろし」で作る
豚の西京焼き　クレソンりんごおろし

（2人分）
豚の西京漬け（p.246参照）…2枚
クレソン…1把
りんごおろし…大さじ4
黒コショウ…少量

1　豚の西京漬けは味噌をふきとり、焼き台で焦がさないように焼く。一口大に切り分ける。
2　1をクレソンとともに器に盛り、黒コショウをふり、りんごおろしを添える。

みかんおろし

　大根おろし…50g
　ミカン（粗くほぐした実）…30g
　太白ゴマ油…小さじ1
　酢…小さじ1
　はちみつ…小さじ1

混ぜ合わせる。

◎用途
鶏肉、鴨肉、豚肉の焼き物に添える。

◎保存
冷蔵庫で3日間。

梨大葉おろし

　大根おろし…50g
　ナシ…20g
　大葉…3枚
　酢…小さじ2
　砂糖…小さじ1

1　ナシは皮をむいて5mm角に切る。大葉はせん切りにする。
2　すべての材料を混ぜ合わせる。

◎用途
脂ののった魚や鶏肉、豚肉の焼き物に添える。いか、たこ、えびなどの和え物にも。

◎保存
冷蔵庫で3日間。

変わりおろし

キウイおろし

大根おろし…50g
キウイ…1/2個
太白ゴマ油…小さじ1
砂糖…ひとつまみ
塩…ひとつまみ

1　キウイは皮をむいて5mm角に切る。
2　すべての材料を混ぜ合わせる。

◎用途
鶏肉、豚肉の焼き物に添える。いか、たこ、貝類、えびの和え物などにも。

◎保存
冷蔵庫で3日間。

巨峰おろし

大根おろし…50g
ブドウ（巨峰）…5粒
ポン酢（p.88参照）…小さじ2

巨峰は皮と種をとり除き、4つ割に切る。すべての材料を混ぜ合わせる。

◎用途
さば、さんま、ぶりなど脂ののった魚の焼き物に添える。

◎保存
冷蔵庫で3日間。

野菜ピューレ

加熱して風味を引き出してから、あるいは生のままミキサーにかけて作る野菜や果物のピューレは、すり流しにしたり、料理にかけたり、和えたりと、さまざまな使い方ができるうえ、半端な素材の有効利用にもなります。

野菜ピューレ

じゃがいもピューレ

ジャガイモ（男爵）…2個
玉ネギ…1/2個
太白ゴマ油…大さじ2
塩…小さじ1/2
昆布だし（p.14参照）…大さじ3
牛乳…100cc

1　ジャガイモ、玉ネギは皮をむいて薄切りにする。
2　太白ゴマ油をひいたフライパンに1を入れ、塩をふってしんなりするまで炒める。
3　2に昆布だしと牛乳を加え、蓋をして蒸し煮する。冷ましておく。
4　冷めたらミキサーにかける。

◎用途
だしでのばしてすり流しに。魚介、肉料理のソースとして。

◎保存
冷蔵庫で3日間。

かぶピューレ

カブ…5個
太白ゴマ油…大さじ2
塩…小さじ1/2
昆布だし（p.14参照）…大さじ3

1　カブは皮をむいてくし形に切る。
2　太白ゴマ油をひいたフライパンに1を入れ、塩をふってしんなりするまで炒める。
3　2に昆布だしを加え、蓋をして蒸し煮する。冷ましておく。
4　冷めたらミキサーにかける。

◎用途
だしでのばしてすり流しに。魚介料理のソースとして。

◎保存
冷蔵庫で3日間。

新玉ねぎピューレ

新玉ネギ…2個
太白ゴマ油…大さじ2
塩…小さじ1/2
昆布だし（p.14参照）…大さじ3

1　玉ネギは薄切りにし、太白ゴマ油をひいたフライパンに入れ、塩をふってしんなりするまで炒める。
2　1に昆布だしを加え、蓋をしてくたくたになるまで蒸し煮する。冷ましておく。
3　冷めたらミキサーにかける。

◎用途
だしでのばしてすり流しに。魚介、肉料理のソースとして。和え物に。パスタのソースにも。

◎保存
冷蔵庫で3日間。

「新玉ねぎピューレ」で作る
帆立あぶり焼き 新玉ねぎピューレ

（2人分）
帆立貝柱…4個
塩…少量
新玉ねぎピューレ…大さじ6
ホウレン草のお浸し…適量

1　帆立貝柱は塩をふり、強火で熱したフライパンに入れて両面をさっと焼く。
2　新玉ねぎのピューレを温めて器に敷き、1を食べやすい大きさに切って盛り付ける。ホウレン草のお浸しを添える。

野菜ピューレ

里いもピューレ

里イモ…5個
玉ネギ…1/4個
太白ゴマ油…大さじ2
塩…小さじ1/2
昆布だし（p.14参照）…大さじ3
牛乳…100cc

1　里イモは皮をむき、水から入れて下ゆでし、ぬめりをとり、適当な大きさに切る。玉ネギは薄切りにする。
2　太白ゴマ油をひいたフライパンに1を入れ、塩をふってしんなりするまで炒める。
3　2に昆布だしと牛乳を加え、蓋をして蒸し煮する。冷ましておく。
4　冷めたらミキサーにかける。

◎用途
だしでのばしてすり流しに。魚介、肉料理のソースとして。

◎保存
冷蔵庫で3日間。

白菜ピューレ

白菜（中心部の黄色いところ）…1/2個
太白ゴマ油…大さじ2
塩…小さじ1/2
昆布だし（p.14参照）…大さじ3

1　白菜はざく切りにして、太白ゴマ油をひいたフライパンに入れ、塩をふってしんなりするまで炒める。
2　1に昆布だしを加え、蓋をしてくたくたになるまで蒸し煮する。冷ましておく。
3　冷めたらミキサーにかける。

◎用途
だしでのばしてすり流しに。魚介料理のソースとして。

◎保存
冷蔵庫で3日間。

「里いもピューレ」で作る
豚角煮 里いもピューレ
作り方> p.267

「白菜ピューレ」で作る
白菜のすり流し
雲子の天ぷら
作り方> p.268

ごぼうピューレ

ゴボウ…150g
玉ネギ…1/4個
太白ゴマ油…大さじ2
塩…小さじ1/2
昆布だし(p.14参照)…大さじ3

1　ゴボウと玉ネギは薄切りにする。
2　太白ゴマ油をひいたフライパンに1を入れ、塩をふってしんなりするまで炒める。
3　2に昆布だしを加え、蓋をして20分ほど煮る。冷ましておく。
4　冷めたらミキサーにかける。

◎用途
だしでのばしてすり流しに。魚介、肉料理のソースとして。和え物に。

◎保存
冷蔵庫で3日間。

野菜ピューレ

燻製焼きなすピューレ

ナス…4本
太白ゴマ油…大さじ1
醤油…小さじ1
みりん…小さじ1
燻製用桜チップ…ひとつかみ

1　ナスは、皮が黒くなるまで直火で焼いて、皮をむき、焼きナスにする。
2　フライパンに桜チップを入れて火にかけ、煙が出てきたら、1のナスを網にのせてフライパンにのせ、ボウルをかぶせて5分ほど燻す。
3　2のナスと太白ゴマ油、醤油、みりんを合わせてミキサーにかける。

◎用途
魚介、肉料理のソースに。パスタのソースにも。

◎保存
冷蔵庫で3日間。

「燻製焼きなすピューレ」で作る

穴子のベニエ衣揚げ 燻製焼きなすピューレ

(2人分)
穴子…2本
薄力粉…適量
ベニエ衣(p.132参照)…適量
燻製焼きなすピューレ…適量
揚げ油…適量
塩、黒コショウ…各少量
レモン…1/4個
合わせ薬味おろし(p.163参照)…適量

1　穴子は裂いて、湯引きしてぬめりをとり、一口大に切る。
2　1に薄力粉をまぶしてベニエ衣をくぐらせ、170℃の油で3〜4分揚げる。
3　温めた燻製焼きなすピューレを器に敷き、2を盛り付け、塩、黒コショウをふる。レモンと合わせ薬味おろしを添える。

きのこピューレ

シイタケ…5枚
シメジ…1パック
マイタケ…1パック
玉ネギ…1/4個
太白ゴマ油…大さじ2
塩…小さじ1/2
昆布だし(p.14参照)…大さじ3
砂糖…小さじ1

1　きのこは石づきを切り落とし、ほぐす(シイタケは薄切りにする)。玉ネギは薄切りにする。
2　太白ゴマ油をひいたフライパンに1をすべて入れ、塩をふってしんなりするまで炒める。
3　2に昆布だしと砂糖を加え、蓋をして蒸し煮する。冷ましておく。
4　冷めたらミキサーにかける。

◎用途
だしでのばしてすり流しに。魚介、肉料理のソースとして。和え物に。パスタのソースにも。

◎保存
冷蔵庫で3日間。

りんごピューレ

リンゴ…2個
太白ゴマ油…大さじ2
塩…小さじ1/2
白ワイン…大さじ3
はちみつ…大さじ2

1　リンゴは皮をむき、芯をとって薄切りにする。
2　太白ゴマ油をひいたフライパンに1を入れ、塩をふってしんなりするまで炒める。
3　2に白ワインとはちみつを加え、さっと煮る。冷ましておく。
4　冷めたらミキサーにかける。

◎用途
肉料理のソースとして。デザートのソースにも。

◎保存
冷蔵庫で3日間。

野菜ピューレ

緑野菜のピューレ

アボカド…1個
キウイ…1個
大葉…10枚
太白ゴマ油…大さじ2
塩…小さじ1/2
砂糖…小さじ1

1　アボカド、キウイは皮をむき、適当な大きさに切る。大葉はざく切りにする。
2　すべての材料を合わせてミキサーにかける。

◎用途
魚介を使ったサラダのドレッシングとして。貝、えび、いか料理のソースにも。

◎保存
冷蔵庫で3日間。

春菊ピューレ

春菊…1把
太白ゴマ油…大さじ2
塩…小さじ1/2
昆布だし(p.14参照)…大さじ3

1　春菊はゆでて、水に落とし、しっかり水気を絞る。ざく切りにする。
2　1と太白ゴマ油、塩、昆布だしを合わせてミキサーにかける。

◎用途
魚介、肉料理のソースとして。和え物にも。

◎保存
冷蔵庫で3日間。

にらピューレ

ニラ…1把
太白ゴマ油…100cc
塩…小さじ1/2

1　ニラは1cm長さに切って、耐熱のボウルに入れる。
2　太白ゴマ油をフライパンに入れて火にかけ、熱々に熱して1に加える。冷ましておく。
3　冷めたらミキサーにかけ、塩で味を調える。

◎用途
肉料理のソースとして。焼きそばの味つけにも。

◎保存
冷蔵庫で3日間。

「にらピューレ」で作る

かつおたたき　にらピューレ

(2人分)
かつお(刺身用サク)…200g
塩…少量
にらピューレ…適量
みょうが…2個
芽ネギ…1パック
スプラウト…1パック

1　みょうがはせん切りに、芽ネギとスプラウトは3等分に切る。合わせて水にさらしてシャキッとさせ、水気をしっかり切る。
2　かつおに塩をふり、直火で皮目を焼いて、たたきにする。
3　2を一口大に切って器に盛り、1をのせ、にらピューレを添える。

野菜ピューレ

そら豆ピューレ

ソラ豆（サヤからとり出し、薄皮をむいたもの）…150g
玉ネギ…1/4個
太白ゴマ油…大さじ2
塩…小さじ1/2
昆布だし（p.14参照）…大さじ3
砂糖…小さじ1

1　玉ネギは薄切りにする。
2　太白ゴマ油をひいたフライパンにソラ豆と1を入れ、塩をふってしんなりするまで炒める。昆布だしと砂糖を加え、蓋をして蒸し煮する。冷ましておく。
3　冷めたらミキサーにかける。

◎用途
だしでのばしてすり流しに。魚介、肉料理のソースとして。和え物に。パスタのソースにも。

◎保存
冷蔵庫で3日間。

とうもろこしピューレ

トウモロコシ…2本
玉ネギ（薄切り）…1/4個分
太白ゴマ油…大さじ2
塩…小さじ1/2
A
├ 水…500cc
└ だし昆布…5g

1　トウモロコシは、包丁で実をはずし、玉ネギとともに、太白ゴマ油をひいたフライパンに入れ、塩をふってしんなりするまで炒める。
2　トウモロコシの芯はぶつ切りにし、Aで20分ほど煮て漉し、だしをとる。
3　1に2のだしを適量加え、蓋をして蒸し煮する。冷ましておく。
4　冷めたらミキサーにかける。

◎用途
だしでのばしてすり流しに。魚介、肉料理のソースとして。和え物に。

◎保存
冷蔵庫で3日間。

「そら豆ピューレ」で作る
そら豆そうめん
作り方＞ p.268

「とうもろこしピューレ」で作る
車海老、枝豆 もろこし和え
作り方＞ p.268

かぼちゃピューレ

カボチャ…1/4個
玉ネギ…1/4個
太白ゴマ油…大さじ2
塩…小さじ1/2
昆布だし（p.14参照）…大さじ3
牛乳…100cc
砂糖…小さじ1

1　カボチャは皮と種をとり除き、薄切りにする。玉ネギも薄切りにする。
2　太白ゴマ油をひいたフライパンに1を入れ、塩をふってしんなりするまで炒める。
3　2に昆布だしと牛乳を加え、蓋をして、やわらかくなるまで蒸し煮込みにする。冷ましておく。
4　冷めたら砂糖を加え、ミキサーにかける。

◎用途
だしでのばしてすり流しに。魚介、肉料理のソースとして。和え物に。パスタのソースにも。

◎保存
冷蔵庫で3日間。

野菜ピューレ

焼きトマトピューレ

トマト…3個
塩…小さじ1/2
太白ゴマ油…大さじ2
砂糖…小さじ1

1　トマトはヘタをとり、200℃のオーブンで30分焼く。
2　1と塩、太白ゴマ油、砂糖を合わせてミキサーにかける。

◎用途
だしでのばしてすり流しに。魚介、肉料理のソースとして。パスタのソースにも。

◎保存
冷蔵庫で3日間。

金時にんじんピューレ

金時ニンジン…1本
玉ネギ…1/4個
太白ゴマ油…大さじ2
塩…小さじ1/2
昆布だし（p.14参照）…大さじ3

1　金時ニンジンは、皮付きのまま薄切りにする。玉ネギも薄切りにする。
2　1を太白ゴマ油をひいたフライパンに入れ、塩をふってしんなりするまで炒める。昆布だしを加え、蓋をしてくたくたになるまで蒸し煮する。冷ましておく。
3　冷めたらミキサーにかける。

◎用途
だしでのばしてすり流しに。魚介、肉料理のソースとして。和え物に。

◎保存
冷蔵庫で3日間。

梅すいかピューレ

スイカ…500g
梅干し…5粒
太白ゴマ油…大さじ2

1　スイカは種と皮をとり除く。梅干しは種をとり除く。
2　1と太白ゴマ油を合わせてミキサーにかける。

◎用途
魚介類のソース、ドレッシングとして。冷たいすり流しに。

◎保存
冷蔵庫で3日間。

「梅すいかピューレ」で作る

水だこたたき 梅すいかすり流し

（2人分）
水だこ（足）…100g
梅すいかピューレ…適量
太白ゴマ油…少量
黒コショウ…少量
万能ネギ（小口切り）…少量

1　水だこは直火であぶって焼き目をつけ、一口大に切り分ける。
2　器に梅すいかピューレを入れて1を盛り、太白ゴマ油、黒コショウ、万能ネギを散らす。

デザート用ソース

和のデザートによく合うソースやあん、ジュレなどです。

サバイヨンソース

卵黄…10個
砂糖…60g
生クリーム…200cc
レモン果汁…1/2個分
コアントロー…小さじ1
バニラエッセンス…少量

1　卵黄と砂糖をボウルに入れ、湯煎にかけながらもったりするまで泡立て器で泡立てる。冷やしておく。
2　別のボウルで生クリームを七分立てほどに泡立て、1に加えて混ぜ合わせる。レモン果汁、コアントロー、バニラエッセンスを加える。

◎用途
さまざまな果物、バニラアイスクリーム、フルーツゼリー寄せなどのソースとして。

◎保存
冷蔵庫で3日間。

アングレーズソース

牛乳…250cc
バニラビーンズ…1/4本
卵黄…3個
砂糖…60g

1　鍋に牛乳とバニラビーンズの種とサヤを入れて火にかけ、沸く寸前まで温める。
2　ボウルに卵黄と砂糖を入れ、白っぽくなるまで泡立て器で混ぜる。
3　2に1の牛乳を少しずつ加えながら混ぜ合わせる。
4　3を鍋に戻し、中火弱にかけ、木ベラで混ぜながらとろみがつくまで火を入れる。
5　ザルで漉し、粗熱がとれたら冷蔵庫に入れて冷やす。

◎用途
デザート全般に。凍らせればバニラアイスクリームになる。

◎保存
冷蔵庫で3日間。

デザート用ソース

いちごソース

イチゴ…300g
はちみつ…大さじ1
A
├ 赤ワイン…100cc
└ みりん…100cc

1　Aを合わせてひと煮立ちさせ、アルコールを飛ばして冷ます。
2　1とヘタをとったイチゴ、はちみつを合わせてミキサーにかける。

◎用途
バニラアイスクリーム、ヨーグルト、パンナコッタなどに合わせる。

◎保存
冷蔵庫で5日間。

「いちごソース」で作る
ミルクプリン　いちごソース

（作りやすい量）
上白糖…80g
卵白…4個分
牛乳…720cc
いちごソース…適量
イチゴ…適量

1　上白糖と卵白をボウルに合わせ、完全にコシが切れないようにしながら混ぜる。
2　牛乳を鍋で温める。まわりがフツフツとする手前で火を止め、1に入れて混ぜる。
3　2を漉し器で漉し、上にペーパータオルをかぶせて粗熱をとる。
4　3を耐熱の器に入れ、蒸気の上がった蒸し器に入れて、弱火で15分ほど蒸す。
5　粗熱がとれたら冷蔵庫で冷やす。いちごソースをかけ、イチゴを添える。

パイナップルソース

　パイナップル（皮をむいたもの）…300g
　はちみつ…大さじ2
　ラム酒…小さじ1/2

合わせてミキサーにかける。一度漉す。

◎用途
バニラアイスクリーム、ヨーグルト、パンナコッタなどに合わせる。

◎保存
冷蔵庫で5日間。

つぶつぶグレープフルーツソース

　グレープフルーツ…2個
　白ワイン…大さじ2
　はちみつ…大さじ2
　板ゼラチン…1.5g×1枚（水に浸けて
　　ふやかしておく）

1　グレープフルーツの果肉をとり出し、皮を絞って出た果汁とともに鍋に入れ、白ワインとはちみつを加えて弱火で火を入れる。
2　果肉がつぶつぶにほぐれるまで木ベラで混ぜ、ふやかした板ゼラチンを加えて溶かす。

◎用途
バニラアイスクリーム、ヨーグルト、パンナコッタなどに合わせる。

◎保存
冷蔵庫で5日間。

デザート用ソース

キウイソース

キウイ（皮をむいたもの）…300g
はちみつ…大さじ2
ブランデー…小さじ1/2

合わせてミキサーにかける。

◎用途
バニラアイスクリーム、ヨーグルト、パンナコッタなどに合わせる。

◎保存
冷蔵庫で5日間。

「キウイソース」で作る

蒸しチーズケーキ キウイソース

（作りやすい量）
クリームチーズ…200g
無塩バター…50g
生クリーム…大さじ1
砂糖…50g
卵黄…2個
卵白…2個分
ミント…少量
キウイソース…適量

1　クリームチーズとバターを常温に戻し、よく混ぜ合わせる。
2　1に生クリーム、卵黄、半量の砂糖を加え、なめらかになるまでよく混ぜる。
3　卵白に、残りの砂糖を加えて泡立て、メレンゲにする。
4　2に3を、2、3回に分けて混ぜ入れる。
5　4を型に流し、蒸気の上がった蒸し器に入れて、中火で20分蒸す。
6　5を食べやすく切り分けて器に盛り、ミントを飾る。まわりにキウイソースを流す。

あんずソース

干しアンズ…80g
白ワイン…200cc
みりん…200cc
水…100cc

1　すべての材料を鍋に合わせて火にかけ、アンズがやわらかくなるまで煮る。
2　1を煮汁ごとミキサーにかける。

◎用途
バニラアイスクリーム、ヨーグルト、白玉などに合わせる。

◎保存
冷蔵庫で1週間。

みりんソース

みりん…200cc
醤油…少量

みりんを鍋に入れ、半量くらいまで煮詰めて醤油をたらす。冷やして使用する。

◎用途
白玉、バニラアイスクリーム、葛切りなどに合わせる。

◎保存
冷蔵庫で2週間。

「あんずソース」で作る
フルーツトマト あんずソースがけ
作り方＞ p.269

デザート用ソース

抹茶ソース

水…180cc
板ゼラチン…1.5g×1枚
砂糖…80g
水あめ…80g
緑茶（市販のペットボトル飲料）…80cc
抹茶…20g

1　鍋に分量の水を入れ、板ゼラチンを浸けてふやかしておく。
2　1をそのまま火にかけてゼラチンを溶かし、砂糖、水あめも加えて溶かす。
3　2が冷めたら緑茶と抹茶を加えてミキサーにかけ、漉す。冷やして使用する。

◎用途
白玉、かき氷、葛切りなどに合わせる。

◎保存
冷蔵庫で1週間（徐々に色は悪くなる）。

きなこクリーム

生クリーム…200cc
きなこ…40g
砂糖…50g
ラム酒…小さじ1/2

混ぜ合わせて、泡立て器で泡立てる（八分立て）。

◎用途
カステラ、果物に添えるなど。

◎保存
冷蔵庫で3日間。

みたらしあん

水…250cc
だし昆布…5g
砂糖…120g
水あめ…40g
醤油…30cc
水溶き片栗粉…適量

1　分量の水とだし昆布を鍋に合わせて1時間ほどおき、昆布をとり出す。
2　1に砂糖と水あめを入れて火にかけ、沸いたら醤油を加え、水溶き片栗粉でとろみをつけて、冷やす。

◎用途
みたらし団子に。

◎保存
冷蔵庫で5日間。

「みたらしあん」で作る
大学いものアイスクリーム
みたらしあん

（作りやすい量）
サツマイモ…200g
卵黄…6個
砂糖…150g
牛乳…300cc
生クリーム…200cc
みたらしあん…適量
黒ゴマ…少量

1　サツマイモは皮をむき、やわらかくなるまで蒸す。
2　1と牛乳を合わせてミキサーにかけ、なめらかにする。
3　ボウルに卵黄と砂糖を入れ、泡立て器でよく混ぜる。
4　3に2と生クリームを入れて混ぜる。
5　4をアイスクリーマーにかけて固める。
6　みたらしあんを鍋に入れて火にかけ、とろみがつくように少し煮詰める。冷ましておく。
7　5を丸くとって器に盛り、6のあんをかけ、黒ゴマをのせる。

デザート用ソース

黒みつ

黒砂糖…80g
水…100cc

鍋に合わせて火にかけ、沸いたら弱火にして5分ほど煮詰める。冷ます。

◎用途
わらび餅、葛切り、アイスクリームなどに合わせる。

◎保存
冷蔵庫で1ヵ月間。

白みつ

砂糖…100g
水…200cc

鍋に合わせて火にかけ、沸いたら弱火にして5分ほど煮詰める。冷ます。

◎用途
わらび餅、葛切り、かき氷などに。

◎保存
冷蔵庫で1ヵ月間。

チョコ黒みつ

チョコレート（製菓用ブラック）…50g
黒みつ（p.190参照）…大さじ6
ラム酒…大さじ1

チョコレートをボウルに入れ、湯煎にかけて溶かし、黒みつ、ラム酒を加えて混ぜ合わせる。

◎用途
バニラアイスクリーム、バナナを使ったデザートなどに。

◎保存
冷蔵庫で1ヵ月間。

「チョコ黒みつ」で作る
バナナ豆腐　チョコ黒みつ

（作りやすい量）
バナナ…2本
牛乳…400cc
砂糖…60g
葛粉…40g
チョコ黒みつ…適量

1　バナナの皮をむいて一口大に切り、牛乳300ccと砂糖とともにミキサーにかける。
2　牛乳100ccで葛粉を溶いて1に混ぜ合わせ、ザルで漉して鍋に入れる。
3　2を中火にかけ、木ベラで練る。固まってきたら弱火にし、焦げないように注意しながら15分ほど練る。
4　水でぬらした型に3を流し入れ、ラップフィルムを密着させてかぶせ、氷水に全体を浸けて急冷する。
5　固まったら食べやすい大きさに切って器に盛り、チョコ黒みつをかける。

デザート用ソース

梅酒ジュレ

A
├ 梅酒…200cc
└ 水…100cc
砂糖…大さじ2
板ゼラチン…1.5g×2枚(水に浸けてふやかしておく)

1　Aを合わせてひと煮立ちさせ、砂糖とゼラチンを加えて溶かす。
2　1が冷めたらバットに流し、冷蔵庫で冷やし固める。

◎用途
そのままデザートになる。さまざまなフルーツに添えても。

◎保存
冷蔵庫で5日間。

カンパリジュレ

A
├ 白ワイン…400cc
├ カンパリ…100cc
└ 水…300cc
砂糖…80g
板ゼラチン…1.5g×5枚(水に浸けてふやかしておく)

1　Aを混ぜ合わせ、ひと煮立ちさせてアルコールを飛ばし、砂糖とゼラチンを加えて溶かす。
2　1が冷めたらバットに流し、冷蔵庫で冷やし固める。

◎用途
柑橘系のフルーツと合わせる。

◎保存
冷蔵庫で5日間。

「カンパリジュレ」で作る
カンパリみかん
作り方＞ p.270

デザート用ソース

白ワインジュレ

A
- 白ワイン…450cc
- 水…120cc

砂糖…80g
板ゼラチン…1.5g×4枚
　（水に浸けてふやかしておく）
ブランデー…小さじ1
コアントロー…小さじ1

1　Aを混ぜ合わせ、ひと煮立ちさせてアルコールを飛ばし、砂糖とゼラチンを加えて溶かす。
2　1が冷めたらブランデー、コアントローを加えてバットに流し、冷蔵庫で冷やし固める。

◎用途
さまざまな果物と合わせる。

◎保存
冷蔵庫で5日間。

「白ワインジュレ」で作る

大葉シャーベット、メロン　白ワインジュレがけ

作り方＞ p.269

粒あん

アズキ…300g
砂糖…300g
塩…ひとつまみ

1　アズキはさっと洗い、水から入れて一度ゆでこぼす。
2　1のアズキを鍋に入れ、ひたひたの水を加えて、やわらかくなるまで3時間ほど煮る（水が少なくなったら、ときどき水を足す。アクはとらなくてもよい）。
3　2に砂糖を加えて落とし蓋をし、弱火で、焦がさないように注意しながら水分がなくなるまで煮詰める。仕上げに塩を加える。

◎用途
和菓子全般に。
＊p.222のデザートに使用している。

◎保存
冷蔵庫で1週間。

あずきクリーム

粒あん…100g
生クリーム…200cc
ブランデー…小さじ1/2

合わせてミキサーにかける。

◎用途
イチゴ、バナナ、柿などに添える。カステラ、白玉などに添える。

◎保存
冷蔵庫で3日間。

デザート用ソース

ずんだあん

枝豆（正味。ゆでてサヤから出したもの）
　…200g
砂糖…40g
抹茶…小さじ1/2
はちみつ…50g

合わせてフードプロセッサーにかける。

◎用途
ずんだ餅に。バニラアイスクリームに添える。もなかなどに。

◎保存
冷蔵庫で3日間。

「ずんだあん」で作る
ずんだ餅

（作りやすい量）
白玉粉…90g
水…90cc
砂糖…10g
ずんだあん…適量

1　白玉粉、分量の水、砂糖を練り合わせて耳たぶくらいの固さにする。
2　1を一口大に丸め、中央を少しくぼませる。沸いた湯に2〜3分入れてゆで、浮いてきたら水にとる。
3　2の水気を切って器に盛り、ずんだあんを添える。

便利な作りおき

作っておくと役に立つ、「料理屋の作りおき」です。その日の献立のために仕込んでおく他、急な注文に応えるときにも便利です。

便利な作りおき

焼きなす煮浸し

（作りやすい量）
ナス…6本
A
├ だし…450cc
├ 薄口醤油…30cc
└ みりん…30cc

1　ナスはヘタをとり、皮が黒くなるまで直火で焼いて、水に落とし、皮をむく。
2　鍋にAと1を入れて火にかけ、ひと煮立ちさせて、そのまま冷ます。

◎用途
切り分けて、そのまま一品料理に。炊き合わせの具材にも。

◎保存
冷蔵庫で3日間。

「焼きなす煮浸し」で作る
焼きなす煮浸し　生うにのせ
作り方＞ p.270

さつまいもレモン煮

(作りやすい量)
サツマイモ…500g
レモン…1/2個
A
├ 水…1ℓ
├ 砂糖…300g
└ 薄口醤油…大さじ2

1　サツマイモを、1cm厚さの半月切りまたは輪切りにする。少し水にさらす。
2　鍋にAを入れて火にかけ、1を入れてひと煮立ちさせ、弱火にして5〜6分煮る。そのまま冷ます。
3　冷めたら2にレモンを絞り、絞った後の皮もそのまま入れて漬け込み、味を含ませる。

◎用途
焼き魚、肉料理のつけ合わせに。デザートにも。

◎保存
冷蔵庫で5日間。

便利な作りおき

かぼちゃ含め煮

（作りやすい量）
カボチャ…1/2個
A
- だし…800cc
- 薄口醤油…40cc
- みりん…40cc
- 粗塩…小さじ1

1　カボチャは皮をむき、種とワタをとり除き、3cm角ほどに切って面取りする。
2　Aを鍋に入れてひと煮立ちさせ、1を入れ、沸かさないように弱火で火を入れる。やわらかくなったら火を止め、そのまま冷ます。

◎用途
炊き合わせの具材に。衣をつけて揚げ物などに。

◎保存
冷蔵庫で3日間。

管ごぼう

（作りやすい量）
ゴボウ（太め）…200g
A
- だし…450cc
- 濃口醤油…30cc
- みりん…30cc
- 砂糖…小さじ2

1　ゴボウは5cm長さに切り、水から入れてやわらかくなるまで下ゆでする。金串を使って管にする（＊）。

2　1をAでさっと炊き、そのまま冷まして味を含ませる。

＊管ゴボウ：ゴボウの切り口の円状の筋目に沿って金串をぐるっと刺し通し、中心を抜いて管状にする。

◎用途
炊き合わせの具材に。中に詰め物をしていろいろな料理に。

◎保存
冷蔵庫で3日間。

「管ごぼう」で作る
管ごぼうのあん肝詰め
作り方＞ p.270

便利な作りおき

かぶ千枚漬け風

（作りやすい量）
カブ…5個
塩…大さじ2
A
- 酢…150cc
- みりん…150cc
- だし昆布…5g

1　カブは茎を切り落として皮をむき、横に薄切りにする。
2　バットに1を重ならないように並べ、塩をし、再びかぶを並べる。これを何度か繰り返して層にし、合わせたAを加えて半日ほどおく。

◎用途
漬け物として食べる。野菜寿司に。魚介と和え物などに。

◎保存
冷蔵庫で5日間。

「かぶ千枚漬け風」で作る

かぶ千枚漬け寿司

かぶ千枚漬け風…適量
酢飯…適量
煎り白ゴマ…少量
塩昆布（みじん切り）…少量
梅肉…少量
わさび（すりおろし）…少量

1　酢飯に白ゴマ、塩昆布を混ぜて一口大の俵形にする。
2　1にかぶ千枚漬け風を1枚ずつ合わせ、器に盛り、梅肉とおろしわさびをのせる。

便利な作りおき

大根お浸し

（作りやすい量）
大根…500g
A
├ だし…600cc
├ 薄口醤油…50cc
└ みりん…50cc

1　大根は皮をむき、5cm長さの太めのマッチ棒状に切る。
2　鍋にAを入れてひと煮立ちさせ、1を入れてもう一度沸いたら火を止め、そのまま冷まして味を含ませる。

◎用途
和え物に。料理のつけ合わせに。汁物の具などに。

◎保存
冷蔵庫で3日間。

たたきおくら

（作りやすい量）
オクラ…2パック
塩…少量

1　オクラは塩ずりし、沸いた湯に入れて2分ほどゆでて、氷水に落とす。
2　1の水気を切り、ヘタと中の種をとる。
3　2を包丁でたたき、とろろ状にする。塩で味つける。

◎用途
和え物に。椀種に。焼き魚のソース代わりなどに。

◎保存
冷蔵庫で3日間。

「たたきおくら」で作る
いかおくら
作り方＞ p.270

便利な作りおき

竹の子含め煮

（作りやすい量）
竹の子（下ゆでしたもの）…5本
かつお節…20g
A
- だし…800cc
- 酒…50cc
- 薄口醤油…50cc
- みりん…50cc

1　竹の子は掃除して縦半分に切り、水から入れて、ゆでこぼす。
2　Aと1の竹の子を鍋に入れて火にかける。沸いたら弱火にし、かつお節をガーゼで包んで上にのせ、20分煮る。火を止めてそのまま冷ます。

◎用途
炊き合わせの具材に。椀種に。和え物、揚げ物、焼き物に。
＊p.77、p.161の料理にも使用している。

◎保存
冷蔵庫で3日間。

「竹の子含め煮」で作る
竹の子唐揚げ　若布おろし
作り方＞p.271

金時にんじんきんぴら

(作りやすい量)
金時ニンジン…1本
煎り白ゴマ…適量
一味唐辛子…適量
ゴマ油…大さじ2
A
├ 酒…大さじ3
├ 醤油…大さじ2
└ 砂糖…大さじ1

1　金時ニンジンは皮付きのまま、5cm長さのマッチ棒状に切る。
2　フライパンにゴマ油をひき、1を入れてしんなりするまで強火で炒め、Aで味つけて白ゴマ、一味唐辛子をふる。

◎用途
そのままおかずに。魚料理、肉料理のつけ合わせにも。

◎保存
冷蔵庫で5日間。

便利な作りおき

里いもチップス

(作りやすい量)
里イモ…3個
塩…少量
揚げ油…適量

1　里イモは皮を六方にむき、薄切りにする。水にさらす。
2　水気をしっかりふきとり、170℃の油でカリッと揚げる。油を切り、塩をふっておく。

◎用途
料理全般のつけ合わせに。揚げたてをそのままおつまみにしても。

◎保存
常温で1週間。

れんこん餅

(作りやすい量)
レンコン…500g
ゴマ油…大さじ1
A
├ 卵…1個
├ 片栗粉…大さじ2
├ 塩…小さじ1
└ 砂糖…小さじ1

1 レンコンは皮をむき、1/3はみじん切りにし、2/3はすりおろす。
2 すりおろしたレンコンに、Aを混ぜ合わせる。
3 フライパンにゴマ油をひき、刻んだレンコンを炒める。しんなりしたら2を加え、中火でお餅ほどの固さまで練り上げる。
4 バットに移して冷ます。

◎用途
丸めて油で揚げ、椀種に。揚げ出しに。そのまま食べてもよい。

◎保存
冷蔵庫で3日間。

「れんこん餅」で作る
れんこん揚げまんじゅう 蟹あんかけ
作り方> p.271

便利な作りおき

白菜芥子漬け

(作りやすい量)
白菜…1/6個
A
├ 砂糖…大さじ4
├ 粉ガラシ…大さじ1
├ 粗塩…大さじ1
├ 酢…大さじ2½
└ みりん…大さじ1

1　白菜の葉はざく切りにし、白い部分は拍子木切りにする。
2　1を合わせてボウルに入れ、Aを加えて手でもみ込み、ラップフィルムをかけて冷蔵庫で3時間以上ねかせる。

◎用途
漬け物として食べる。魚介類と和え物にしても。

◎保存
冷蔵庫で5日間。

きゅうり、なす福神漬け

(作りやすい量)
キュウリ…3本
ナス…2本
生姜…20g
塩…大さじ1
A
├ 砂糖…120g
├ 醤油…180cc
└ 酢…60cc

1 キュウリは5mm厚さの輪切りに、ナスは5mm厚さの半月切りにする。生姜はせん切りにする。
2 キュウリとナスをボウルに入れ、塩をまぶして30分おいた後、しっかり水気を絞る。
3 鍋にAを入れてひと煮立ちさせ、生姜と2を入れて火を止める。
4 冷めたら野菜と生姜をとり出し、煮汁をもう一度火にかけて沸かす。野菜と生姜を戻し入れ、火を止めて再び冷ます。
5 冷めたらもう一度4の工程を繰り返す。

◎用途
漬け物として食べる。刻んでおにぎりの具などに。

◎保存
冷蔵庫で1週間。

便利な作りおき

みょうが甘酢漬け

（作りやすい量）
みょうが…10個
塩…少量
A
├ 酢…200cc
├ 水…200cc
└ 砂糖…80g

1　みょうがは根元を少し切り落とし、外側の皮1枚をとり除き、縦半分に切る。
2　1をさっとゆでてザルに上げ、塩をふる。
3　Aを混ぜ合わせて2を漬け、3時間以上おく。

◎用途
漬け物として食べる。魚料理、肉料理のつけ合わせに。野菜寿司などに。

◎保存
冷蔵庫で1週間。

紅芯大根はちみつ漬け

(作りやすい量)
紅芯大根…1個
A
├ はちみつ…大さじ5
├ 粗塩…大さじ1/2
└ 酢…大さじ1

紅芯大根は皮をむいて厚めのいちょう切りにし、混ぜ合わせたAに漬け、冷蔵庫に1日おく。

◎用途
漬け物として食べる。肉料理のつけ合わせに。焼き魚のあしらいなどに。

◎保存
冷蔵庫で1週間。

便利な作りおき

ふきのとう味噌

（作りやすい量）
ふきのとう…10個
太白ゴマ油…大さじ2
塩…少量
A
- 味噌…80g
- 白味噌…50g
- 酒…大さじ2
- みりん…大さじ2
- 砂糖…大さじ1½

1　ふきのとうは粗く刻み、塩ゆでした後、一晩水に浸けてアクを抜く。
2　Aを混ぜ合わせておく。
3　1の水気をしっかり絞り、太白ゴマ油をひいたフライパンに入れて炒める。
4　3に2を加え、弱火にかけながら練り上げる。

◎用途
そのままなめ味噌として。魚料理、肉料理のたれ代わりに。ご飯のお供に。

◎保存
冷蔵庫で10日間。

「ふきのとう味噌」で作る
焼き厚揚げ　ふき味噌のせ
作り方＞ p.272

菜の花昆布締め

（作りやすい量）
菜の花…2把
昆布…2枚
塩…少量
酒…少量

1　菜の花を固めに塩ゆでして氷水にとり、しっかり水気を絞る。
2　酒でふいた昆布で1を挟み、半日ほどおく。

◎用途
和え物に。刺身のつま代わりに。さまざまな料理の添え物に。野菜寿司などに。
＊p.81の料理にも使用している。

◎保存
冷蔵庫で3日間。

「菜の花昆布締め」で作る
菜の花昆布締め 平目巻き

作り方＞ p.272

便利な作りおき

長いもの味噌漬け

（作りやすい量）
長イモ…1本
A
├ 味噌…100g
├ 砂糖…40g
└ 酒…40cc

1　長イモは洗い、表面を直火で焼いてヒゲ根をとり、適当な長さに切って、縦半分に切る。
2　混ぜ合わせたAに、1を1日漬ける。

◎用途
漬け物として食べる。焼いたり揚げたりしてもおいしい。

◎保存
冷蔵庫で5日間。

炒めきのこ

（作りやすい量）
シイタケ…5枚
シメジ…1パック
エノキ…1パック
エリンギ…1パック
塩…少量

1　きのこはすべて根元を切り落とし、手でほぐす。
2　フライパンを中火で熱し、1を入れて乾煎りし、塩を少量ふる。しんなりしたらとり出す。

◎用途
炊き込みご飯の具に。肉料理のつけ合わせなどに。

◎保存
冷蔵庫で5日間。

「炒めきのこ」で作る
炒めきのことベーコンの炊き込みご飯
作り方＞ p.272

便利な作りおき

かんぴょう煮

（作りやすい量）
かんぴょう…100g
塩…小さじ1
酢…大さじ2
A
├ 酒…300cc
├ 水…300cc
├ 濃口醤油…200cc
└ ザラメ糖…250g

1　かんぴょうはぬるま湯に10分ほど浸した後、水気を切り、塩と酢をふって手でもみ、水で洗い流す。これを3、4回繰り返す。
2　1をたっぷりの水でやわらかくなるまで15分ほどゆで、水にさらす。水気をしっかり絞る。
3　2を適当な長さに切り、Aとともに鍋に入れ、煮汁が少し残るくらいまで煮る。ザルに上げて汁気を切る。

◎用途
寿司の具材に。和え物に。料理のつけ合わせなどに。

◎保存
冷蔵庫で10日間。

「かんぴょう煮」で作る
かんぴょう、かまぼこ わさび和え
作り方＞ p.272

どんこしいたけ煮

(作りやすい量)
干しシイタケ（どんこ）…100g
A
├ 醤油…120cc
├ みりん…60cc
└ 砂糖…100g

1　干しシイタケはさっと洗い、ひたひたの水に20分ほど浸けておく。
2　1の水を捨て、新たな水1ℓに浸けなおし、半日以上おく。
3　2の軸を切り落とし、戻し汁とともに鍋に入れて火にかける。アクをこまめにとりながら30分ほど炊き、Aを加え、煮汁がなくなるまで煮詰める。

◎用途
炊き合わせの具材に。ちらし寿司、巻き寿司の具材に。

◎保存
冷蔵庫で10日間。

便利な作りおき

湯葉煮浸し

(作りやすい量)
引き上げ湯葉…5枚
水…1.5ℓ
A
├ 薄口醤油…大さじ5
└ 砂糖…大さじ3

1　湯葉は食べやすい大きさに切ってほぐす。
2　鍋に分量の水を入れて沸かし、1をほぐしながら入れて、やわらかくなるまでゆがく。
3　2にAを加え、さっと煮て火を止め、そのまま冷ます。

◎用途
しんじょうの具に。和え物に。椀種などに。

◎保存
冷蔵庫で3日間。

油揚げ甘煮

(作りやすい量)
油揚げ…4枚
A
- 水…400cc
- 濃口醤油…大さじ3
- みりん…50cc
- 砂糖…大さじ2

1　油揚げはペーパータオルで挟んで油をとり、上に箸を転がしてほぐしておく。
2　鍋に1を並べ、Aを加えて火にかけ、沸いたら弱火にしてアルミ箔で落とし蓋をし、10分ほど煮る。そのまま冷ます。

◎用途
いなり寿司、うどんやそばの具、和え物などに。

◎保存
冷蔵庫で5日間。

「油揚げ甘煮」で作る
一口いなり寿司
作り方＞ p.273

便利な作りおき

りんごみりん炊き

(作りやすい量)
リンゴ…2個
みりん…150cc
薄口醤油…少量

1　リンゴは皮をむいて5mm角に切る。
2　鍋に1とみりんを入れて中火にかけ、蓋をせずにときどきかき混ぜながら、汁気がなくなるまで煮詰める。
3　仕上げに薄口醤油を少量たらす。

◎用途
デザート全般。アイスクリームに添える、もなかに入れる、かき氷に散らすなど。肉料理のつけ合わせにも。

◎保存
冷蔵庫で10日間。

「りんごみりん炊き」で作る
りんごもなか

りんごみりん炊き…適量
粒あん（p.195参照）…適量
もなかの皮（市販）…適量

りんごみりん炊きと粒あんを、もなかの皮で挟む。

小鰯山椒煮

(作りやすい量)
小いわし(小羽いわし。
　小さいもの)…40尾
実山椒(水煮)…大さじ3
塩…適量
A
├ 水…600cc
├ 酒…180cc
├ 酢…180cc
├ 醤油…80cc
├ だし昆布…5g
└ 砂糖…大さじ3

1　いわしは頭と内臓、尾をとり、塩水で洗い、水気をしっかりふきとる。
2　1を鍋に並べ、Aと実山椒を入れて火にかける。
3　沸いたらアクをとり、アルミ箔を落とし蓋にし、弱火で煮汁がほぼなくなるまで煮る。

◎用途
そのままおつまみに。お茶漬けの具に。さっとあぶってもおいしい。

◎保存
冷蔵庫で1週間。

便利な作りおき

鯛の桜葉締め

（作りやすい量）
鯛（上身サク）…200g
桜の葉の塩漬け…20枚

鯛のサクを桜の葉の塩漬けで挟み、冷蔵庫に半日おく。

◎用途
切ってそのままお造りに。和え物に。寿司種としても。

◎保存
冷蔵庫で3日間。

「鯛の桜葉締め」で作る

鯛桜締め　桜餅仕立て

作り方> p.273

鯵酢締め

(作りやすい量)
あじ…3尾
塩…少量
スダチ…1個
A
├ 酢…120cc
├ 水…80cc
└ だし昆布…3g

1　あじは三枚におろして腹骨をとり、薄塩をあてて20分ほどおく。スダチは輪切りにする。
2　1のあじをさっと洗い、スダチとともにAに30分漬ける。
3　水気をふきとる。

◎用途
酢の物、和え物、寿司の具などに。

◎保存
冷蔵庫で5日間。

「鯵酢締め」で作る
鯵薬味海苔巻き
作り方＞ p.274

便利な作りおき

さばのスモーク

（作りやすい量）
さば（生食用）…1尾
塩…適量
酢…適量
燻製用桜チップ…適量

1　さばは三枚におろし、腹骨をとり、べた塩（＊）をして30分おく。
2　1を酢で洗って塩を落とし、水気をしっかりふく。
3　フライパンに桜チップを入れて火にかけ、煙が出てきたら、2を網にのせてフライパンにのせ、ボウルをかぶせて火を止め、5分燻す。
＊べた塩：魚の表面が真っ白になるほどに塩をまぶすこと。

◎用途
そのまま切っておつまみに。和え物に。焼いたり揚げたりしてもおいしい。

◎保存
冷蔵庫で5日間。

「さばのスモーク」で作る

さばスモーク、柿、春菊サラダ

さばのスモーク…適量
柿…1個
春菊…1/2把
煎り白ゴマ…少量
黒コショウ…少量
A
┣ 太白ゴマ油…大さじ2
┣ 醤油…小さじ1
┗ 酢…小さじ1

1　さばのスモークは一口大のそぎ切りに、柿は皮をむいてくし形切りにする。春菊は葉だけをつんでおく。
2　1をAで和えて器に盛り、白ゴマ、黒コショウをふる。

便利な作りおき

穴子一夜干し

（作りやすい量）
穴子…5本
A
- 濃口醤油…100cc
- みりん…200cc
- 酒…80cc

1　穴子は裂いて、皮目のぬめりを包丁でとり、混ぜ合わせたAに40分漬ける。
2　1の水気を切り、表面が乾く程度に陰干しする。

◎用途
焼いて、そのままおつまみに。切り分けて和え物に、寿司の具材などに。

◎保存
冷蔵庫で3日間。

「穴子一夜干し」で作る
穴子の一夜干し クレソン和え

作り方＞ p.274

ちりめん山椒

(作りやすい量)
ちりめんじゃこ…500g
実山椒(塩ゆでしたもの)…50g
酒…600cc
A
├ みりん…100cc
├ 薄口醤油…50cc
└ 濃口醤油…50cc

1　ちりめんじゃこを熱湯で洗って水気を切り、鍋に入れる。酒を注いで1時間ほどおく。
2　1の鍋を火にかけ、沸いたら中火にしてAを加え、アルミ箔で落とし蓋をして煮ていく。
3　煮汁が半分ほどになったら実山椒を入れ、ときどきやさしく混ぜながら、煮汁がなくなるまで炊く。
4　3をバットなどにあけて広げ、少し乾かす。

◎用途
ご飯のお供に。和え物に。

◎保存
冷蔵庫で1週間。

いかの塩麹漬け

(作りやすい量)
するめいか…2ハイ
A
├ 塩麹…大さじ4
└ 酒…大さじ2

1　いかはワタをとり、掃除する。
2　ワタは包丁でたたき、Aと混ぜ合わせる。
3　いかの身（エンペラやゲソも）を、2に漬けて冷蔵庫に一晩おく。

◎用途
さっとあぶっておつまみに。和え物に。焼いたり揚げたりしてもおいしい。

◎保存
冷蔵庫で5日間。

たこ桜煮

(作りやすい量)
たこ…1パイ
大根…適量
塩…適量
A
├ 水…1.5ℓ
├ 濃口醤油…100cc
├ 酒…100cc
└ 黒砂糖…150g

1　たこは塩でもんでぬめりをとり、水で洗う。すりこぎなどでたたいて筋肉をほぐす。
2　沸いた湯で1をさっと霜降りし、吸盤の中まできれいに洗う。
3　適当な大きさに切った大根とAを鍋に入れて火にかけ、ひと煮立ちさせて2を入れ、弱火を保ちながら3時間炊く。そのまま冷ます。
＊大根はたこをやわらかくするために入れる。

◎用途
炊き合わせの具材に。衣をつけて揚げ物などに。

◎保存
冷蔵庫で3日間。

便利な作りおき

海老しんじょう

（作りやすい量）
白身魚のすり身…500g
えび（むき身）…500g
卵黄…3個
太白ゴマ油…180cc
煮切り酒…180cc
卵白…1個分
塩…少量

1 卵黄をボウルに入れ、太白ゴマ油を少しずつ加えながら泡立て器で混ぜ合わせ、乳化させる。
2 えびは背ワタをとり、粗く刻む。
3 フードプロセッサーに白身魚のすり身を入れ、煮切り酒を少しずつ加えながら撹拌し、なめらかにする。
4 3に1、2、卵白、少量の塩を加え、えびの粒が残る程度に撹拌する。
5 型に入れ、蒸気の上がった蒸し器に入れて、中火で20〜30分蒸す。

◎用途
切り出して椀種に。衣をつけて揚げ物などに。

◎保存
冷蔵庫で3日間。

「海老しんじょう」で作る

海老しんじょう揚げ
作り方＞ p.274

あわびやわらか煮

(作りやすい量)
あわび…2個
塩…適量
だし昆布…5g
A
├ 水…800cc
└ 酒…200cc
B
├ 濃口醤油…50cc
└ 砂糖…大さじ1

1　あわびは身に塩をふってみがき、殻からはずす。掃除してAとだし昆布とともに鍋に入れ、火にかける。沸いたら弱火にし、2時間炊く(途中水が減ったら足し、ときどきアクをとる)。

2　1にBを加え、更に30分ほど炊く。火を止めてそのまま冷ます。

◎用途
切り分けてそのままおつまみに。椀種に。焼き物に。衣をつけて揚げ物に。

◎保存
冷蔵庫で3日間。

便利な作りおき

煮帆立

(作りやすい量)
帆立貝柱(生食用)…10個
A
├ 昆布だし(p.14参照)…400cc
├ 薄口醤油…50cc
└ みりん…50cc

1 帆立貝柱は掃除して水気をふく。
2 鍋にAを入れ、ひと煮立ちさせて1を入れ、弱火で5分煮る。そのまま冷ます。

◎用途
ほぐして和え物、酢の物、サラダなどに。

◎保存
冷蔵庫で3日間。

牡蠣のオイル漬け

（作りやすい量）
牡蠣（むき身）…500g
塩…適量
A
├ 酒…150cc
└ 酢…50cc
太白ゴマ油…300cc
生姜（せん切り）…20g

1　牡蠣は塩水で洗って水気をふき、鍋に入れてAを加えて煎り、火を入れる。汁気を切る。

2　バットに1を入れ、生姜を散らし、太白ゴマ油をひたひたに注ぐ。

◎用途
そのままおつまみに。和え物などに。さっとあぶってもおいしい。

◎保存
冷蔵庫で5日間。

便利な作りおき

はまぐり酒蒸し浸し

(作りやすい量)
はまぐり…10個
A
- 水…300cc
- 酒…200cc
- だし昆布…5g
- 薄口醤油…大さじ2
- 砂糖…大さじ1

1　はまぐりは砂抜きして洗い、Aとともに鍋に入れ、火にかける。
2　すべての口が開いたら火を止め、地に浸けたまま常温で冷ます。冷めたら上側の殻をはずして除き、地に漬けておく。
＊下側の殻は、盛り付けなどに使えるので残しておく。

◎用途
椀種に。酢の物に。寿司の具などに。少しあぶってもおいしい。

◎保存
冷蔵庫で3日間。

「はまぐり酒蒸し浸し」で作る

はまぐり磯辺焼き

はまぐり酒蒸し浸し…3個
玉子の素(p.129参照)…大さじ2
生青海苔…小さじ1

玉子の素と生青海苔を混ぜ合わせ、はまぐり酒蒸し浸しの上にのせ、サラマンダーで焼く。

雲子南蛮漬け

(作りやすい量)
雲子(鱈の白子)…1kg
長ネギ(みじん切り)…1本分
生姜(すりおろし)…小さじ1
A
 ┌ 水…200cc
 ├ 濃口醤油…200cc
 ├ 酢…200cc
 ├ みりん…200cc
 ├ だし昆布…10g
 └ 砂糖…大さじ1

1　Aを合わせてひと煮立ちさせ、長ネギとおろし生姜を加える。
2　雲子を掃除し、さっと湯に通して霜降りし、1に漬ける(最低1時間)。

◎用途
そのままおつまみに。少しあぶってもおいしい。

◎保存
冷蔵庫で5日間。

便利な作りおき

若布お浸し

(作りやすい量)
わかめ(塩蔵を戻したもの)…300g
お浸し地(p.27参照)…500cc

1　わかめはざく切りにする。
2　鍋にお浸し地を入れてひと煮立ちさせ、1を入れて火を止め、鍋底を氷水にあてて急冷する。

◎用途
和え物、酢の物、椀種などに。

◎保存
冷蔵庫で3日間。

鶏そぼろ

（作りやすい量）
鶏もも挽き肉…500g
A
- 水…200cc
- 醤油…大さじ6
- みりん…大さじ4
- 砂糖…大さじ4
- 酒…大さじ4

鍋にAと鶏挽き肉を入れて火にかけ、数本の箸でかき混ぜながら、ぼろぼろになるまで火を入れる。そのまま冷ます。

◎用途
ご飯のお供に。和え物などに。

◎保存
冷蔵庫で5日間。

「鶏そぼろ」で作る
ミニ鶏そぼろ丼

（2人分）
鶏そぼろ…適量
ご飯…適量
冷凍卵黄（p.251参照）…1個
芽ネギ（2cm長さに切ったもの）
　…少量

ミニ丼にご飯を入れ、上に鶏そぼろをのせる。中央に、冷凍卵黄を半分ずつのせて、芽ネギを添える。

便利な作りおき

鶏つくね

（作りやすい量）
鶏挽き肉…500g
玉ネギ…500g
だし昆布…適量
A
- 卵…1個
- コーンスターチ…大さじ1
- 醤油…大さじ1
- みりん…大さじ1
- 砂糖…大さじ1
- 塩…小さじ1

1　玉ネギはすりおろし、さらしで包んで絞り、しっかり水切りする。
2　ボウルに鶏挽き肉、1、Aを入れ、粘りが出るまでよく練る。
3　鍋に湯を沸かしてだし昆布を入れ、中火のやさしい火加減にし、2を丸めて落として火を入れ、とり出す。
＊ゆで汁はスープに使用する。

◎用途
椀種に。焼き物に。串に刺してつくね焼きとりにするなど。

◎保存
冷蔵庫で3日間。

「鶏つくね」で作る
鶏つくね　黄にらあんかけ
作り方＞ p.275

鶏味噌

(作りやすい量)
鶏挽き肉…200g
シイタケ…3枚
ゴボウ…100g
サラダ油…大さじ2
A
├ 信州味噌…150g
├ 赤味噌…50g
├ 酒…100cc
├ 砂糖…120g
└ 卵黄…3個
煎り白ゴマ…大さじ2
粉山椒…少量

1　シイタケ、ゴボウはみじん切りにする。
2　フライパンにサラダ油をひき、1と鶏挽き肉を入れて、じっくり香りが立つまで炒める。
3　混ぜ合わせておいたAを2に加え、弱火で焦がさないように練る。
4　元の味噌の固さほどになったら火を止め、白ゴマ、粉山椒を加える。

◎用途
そのままなめ味噌として。ご飯のお供に。野菜のディップなどに。

◎保存
冷蔵庫で1週間。

「鶏味噌」で作る
鶏味噌　ジャージャーうどん
作り方> p.275

便利な作りおき

ゆでささみ

（作りやすい量）
鶏ささみ…6本
だし昆布…5g
A
├ 水…600cc
├ 酒…50cc
└ 薄口醤油…大さじ2

ささみは筋をとり除き、だし昆布とAを合わせてひと煮立ちさせたところに入れて、火を止める。そのまま冷ます。

◎用途
手で裂いて、和え物、酢の物などに。ゆで汁もスープに使える。

◎保存
冷蔵庫で3日間。

「ゆでささみ」で作る
ささみ、根三つ葉　海苔和え
作り方＞ p.276

鴨ロース

（作りやすい量）
合鴨胸肉…2枚
塩…少量
玉ネギ…1個
だし昆布…5g
A
├ 水…800cc
├ 酒…200cc
├ 濃口醤油…200cc
└ みりん…200cc

1　合鴨肉は掃除し、フォークで全体に穴を開け、塩をふって15分ほどおく。
2　玉ネギは薄切りにする。
3　油をひかないフライパンに1を皮目から入れ、じっくりと焼く。焼き目がついたら裏返し、身のほうはさっと焼く。バットにとり出し、やすませておく。
4　鍋にAと2、だし昆布を入れて火にかける。沸いたら3を入れ、10秒ほど加熱して火を止める。ペーパータオルで落とし蓋をしてそのまま冷ます。半日以上おく。

◎用途
切り分けて、そのまま一品料理に。和え物やサラダに。お弁当やお節料理にも。

◎保存
冷蔵庫で5日間。

「鴨ロース」で作る

鴨ロースとねぎのサラダ
作り方> p.276

便利な作りおき

フォアグラの味噌漬け

(作りやすい量)
フォアグラ…400g
A
├ みりん…大さじ1
└ 酒…大さじ2
味噌床(白味噌。p.67参照)…適量

1　フォアグラは手で割って、筋、血管をとり除いて掃除する。
2　バットにAを入れ、1を並べてラップフィルムをかける。冷蔵庫に入れ、3時間ごとに上下を入れ替えて、フォアグラに吸わせながら1日おく。
3　2をラップフィルムで包んで筒状にし、ビニール袋に入れて口を閉じ、70℃の湯に20分入れて火を入れる。湯からとり出し、冷蔵庫に1日おく。
4　3を適宜の厚さに切り、味噌床を表面に塗り、5日ほど漬けておく。

◎用途
切り分けて、そのまま一品料理に。野菜、果物などを添えても。

◎保存
冷蔵庫で1週間。

「フォアグラの味噌漬け」で作る

フォアグラソースせんべい 梅ジャム添え

作り方＞ p.277

便利な作りおき

豚の西京漬け

（作りやすい量）
豚ロース肉（塊）…500g
A
- 味噌…100g
- 砂糖…40g
- 酒…40cc

1　豚肉は1.5cm厚さに切る。
2　Aを混ぜ合わせて1の全体に塗りつけ、保存容器に入れて冷蔵庫に1日おく。

◎用途
そのまま焼き物に。衣をつけて揚げてもよい。
＊p.166の料理に使用している。

◎保存
味噌に漬けたまま、冷蔵庫で1週間。

ローストビーフ 柚庵風味

（作りやすい量）
牛肉（ローストビーフ用塊肉。
　ロース、もも肉など）…600g
黄柚子（輪切り）…1個分
A
├ 水…600cc
├ 濃口醤油…100cc
├ 酒…100cc
├ 砂糖…大さじ2
└ だし昆布…5g
サラダ油…大さじ1

1　Aを混ぜ合わせておく。
2　牛肉の全面にフォークで穴をあけ、Aに1時間漬ける。
3　2から肉をとり出して水気を切り、サラダ油をひいたフライパンに入れ、中火で全体に焼き目をつける。とり出して、やすませておく。
4　牛肉を漬けていたAを鍋に入れてひと煮立ちさせ、3の肉を入れて火を止め、輪切りの柚子を加え、ペーパータオルで落とし蓋をしてそのまま冷ます。

◎用途
切ってそのままおつまみに。和え物やサラダにも。厚めに切り、もう一度あぶってもよい。

◎保存
冷蔵庫で5日間。

便利な作りおき

胡麻豆腐

（作りやすい量）
むきゴマ…250g
水…1350cc
酒…450cc
葛粉…90g
粗塩…8g
砂糖…8g

1　むきゴマは一晩水（分量外）に浸けてふやかした後、ザルにあけて水気を切り、ミキサーに入れ、分量の水を少しずつ加えながら撹拌する。
2　1をさらしの袋に入れて、ボウルなどの上でしっかり絞り、汁をとる。
3　酒で溶いた葛、塩、砂糖を2に加えて混ぜ、一度漉して鍋に入れ、火にかけて20分ほど練る（最初は中火で。固まってきたら焦がさないよう弱火にする）。
4　3を、水でぬらした流し缶やバットに流し、ラップフィルムを表面に密着させてかけ、全体を氷水に浸けて急冷する。
＊氷水で一気に冷やすのがポイント。

◎用途
切り出してそのまま前菜に。衣をつけて天ぷらに。焼き胡麻豆腐などに。

◎保存
冷蔵庫で3日間。固くなったらもう一度蒸し器で蒸すと、やわらかくなる。

「胡麻豆腐」で作る

焼き胡麻豆腐
作り方＞ p.277

擬製豆腐

材料(作りやすい量)
木綿豆腐…300g
シイタケ…2枚
ニンジン…30g
三つ葉…3本
卵…3個
サラダ油…大さじ1
A
├ 砂糖…30g
└ 薄口醤油…25cc

1　豆腐はさらしに包んでおき、しっかり水切りする。シイタケは薄切りに、ニンジンはせん切りに、三つ葉は1cm長さに切る。
2　フライパンにサラダ油を熱し、シイタケとニンジンを入れて炒める。しんなりしたら豆腐を崩しながら加え、水分を飛ばしながら炒める。
3　2にAを加えて混ぜ、火を止め、溶き卵を少しずつ加えて混ぜ合わせる。三つ葉を加える。
4　3をオーブンシートを敷いた型に詰め、250℃のオーブンで20～30分焼く。

◎用途
冷めてから切り出し、前菜や八寸の一品に。おせち料理やお弁当にもよい。

◎保存
冷蔵庫で3日間。

便利な作りおき

カステラ玉子

（作りやすい量）
白身魚のすり身…200g
卵…8個
A
├ みりん…120cc
├ 砂糖…60g
└ 粗塩…小さじ1

1　フードプロセッサーにすり身を入れ、溶き卵を少しずつ加えながら撹拌し、なめらかにする。
2　1にAを加え、更になめらかになるまで撹拌する。ザルで漉す。
3　型にラップフィルムを敷いて2を入れ、蒸気の上がった蒸し器に入れて、中火で20〜30分蒸す。

◎用途
切り出して前菜や八寸の一品として。おせち料理やお弁当にもよい。

◎保存
冷蔵庫で5日間。

冷凍卵黄

（作りやすい量）
卵…6個

卵を殻付きのまま冷凍庫に一晩入れ、しっかり凍らせる。室温で自然に溶かし、卵黄だけをとり出す。

◎用途
味噌漬けにしてご飯のお供に。お造りや焼き物のあしらいなどに。
＊p.239の料理にも使用している。

◎保存
溶かしたものは、冷蔵庫で5日間。

「冷凍卵黄」で作る
冷凍卵黄　塩昆布まぶし

（2個分）
冷凍卵黄…2個
塩昆布…20g
大葉…2枚
大根（色紙切り）…100g

1　塩昆布をみじん切りにして、冷凍卵黄にまぶす。
2　器に盛り、大葉と大根を添える。

便利な作りおき

飯蒸し

（作りやすい量）
もち米…3合
A
├ 酒…240cc
└ 粗塩…小さじ1½

1　もち米は洗って3時間以上浸水させた後、ザルに上げて水気を切る。
2　ザルにさらしを敷いて1を入れ、蒸気の上がった蒸し器に入れて、中火で30分蒸す。
3　一度とり出してAを加えて混ぜ、再び10分蒸す。

◎用途
焼いてほぐした鯛や鮭の身を混ぜ込んで、おしのぎやご飯に。季節の野菜やかに、からすみなど他の具材でも作れる。

◎保存
冷凍庫で1ヵ月間。

「飯蒸し」で作る
からすみ飯蒸し

飯蒸し…適量
からすみ（薄切り）…適量
黄柚子（すりおろし）…少量

蒸した飯蒸しを器に盛り、からすみをのせ、柚子皮をふる。

補足レシピ・索引

補足レシピ

「鯛だし」で作る
鯛かぶら
写真> p.15

（2人分）
鯛（上身）…200g
カブ（中）…4個
塩…少量
鯛だし（p.15参照）…600cc
薄口醤油…大さじ1
みりん…大さじ1
水菜のお浸し…適量
黄柚子皮（細切り）…適量

1　鯛は食べやすく切り、塩をあてて30分ほどおき、沸騰湯にさっと通して霜降りし、水気を切る。
2　カブは皮をむいて食べやすく切る。
3　鯛だしに2を入れ、やわらかくなるまで弱火で炊く。
4　3に1も加えてさっと炊き、薄口醤油とみりんで味付ける。
5　器に盛り、水菜のお浸しを添え、柚子皮をのせる。

「蟹だし」で作る
蟹もずく雑炊
写真> p.19

（2人分）
かに（むき身）…80g
もずく…100g
ご飯…150g
A
├ 蟹だし（p.19参照）…400cc
├ 薄口醤油…大さじ1
├ 酒…大さじ1
└ 塩…少量
卵…1個
万能ネギ（小口切り）…少量

1　もずくは洗って食べやすく切り、水気を切っておく。
2　鍋にAを入れて煮立て、ご飯と1を入れてさっと炊く。
3　2にかにのむき身を加えてさっと炊き、溶き卵をまわし入れ、器に盛る。万能ネギをのせる。

「お浸し地」で作る
緑野菜のお浸し
写真> p.27

（2人分）
スナップエンドウ…10本
水菜…1把
グリーンアスパラガス…4本
お浸し地（p.27参照）…500cc
塩…少量

1　野菜はそれぞれ塩ゆでし、氷水に落として色止めし、水気を切っておく。
2　冷たいお浸し地に1を漬けて、3時間以上おく。
3　器に盛り付ける。

「麺つゆ（冷製・かけ用）」で作る
クレソンおろしそば
写真> p.30

（2人分）
クレソン…1把
大根おろし…100g
そば…1玉
麺つゆ（冷製・かけ用。p.30参照）
　…300cc
花がつお…少量

1　クレソンは葉を摘み、水にさらしてシャキッとさせる。
2　そばはゆでて冷水で締め、水気を切る。
3　器に2を入れ、1と大根おろしをのせ、麺つゆを張る。花がつおをのせる。

「丼地（玉子とじ・関東風）」で作る
あぶり親子丼
写真> p.38

（4人分）
鶏もも肉（正肉）…1枚（約250g）
卵…8個
長ネギ…1本
三つ葉…1/4把
ご飯…丼4杯
丼地（玉子とじ・関東風。p.38参照）
　…600cc

1　鶏肉は、直火で皮目を焼いて焼き目をつける。身のほうもさっとあぶる。一口大のそぎ切りにする。
2　長ネギは、斜め薄切りにする。
3　三つ葉は1cm長さに切る。
4　鍋に丼地150ccを入れ、1と2を各1/4量入れて火にかける。
5　鶏肉に火が通ったら、溶き卵2個分を2回に分けて加え、半熟に火を入れる。三つ葉を1/4量散らす。
6　丼にご飯を入れ、5をのせる。
＊残り3つも同様に作る。

補足レシピ

「牛丼地」で作る
トマト牛丼
写真＞ p.39

（2人分）
牛切り落とし肉…300g
玉ネギ…1個
トマト…1個
ご飯…丼2杯
A
├ 牛丼地（p.39参照）…600cc
└ 生姜（すりおろし）…小さじ1
万能ネギ（小口切り）…少量

1　牛肉は、包丁の背でたたいてのばす。
2　玉ネギは薄切りにし、トマトは皮を湯むきしてくし形に切る。
3　Aと玉ネギを鍋に入れて火にかけ、弱火で10分煮る。
4　3に1を加え、アクが出たらとり除き、15分煮る。一度火を止めて冷ます。
5　4を再び火にかけてトマトを加える。沸いたら弱火にし、5分ほど煮る。
6　丼にご飯を入れ、5をかける。万能ネギをのせる。

「煮魚地（白身魚用）」で作る
金目鯛と焼き豆腐の煮付け
写真＞ p.40

（2人分）
金目鯛（上身）…200g
焼き豆腐…1丁
竹の子（下ゆでしたもの）…1本
煮魚地（白身魚用。p.40参照）…400cc
木の芽…少量

1　金目鯛は霜降りして水気を切る。
2　焼き豆腐、竹の子は食べやすく切る。
3　鍋に煮魚地、1、2を入れて火にかけ、沸いたらアルミ箔を落とし蓋にして中火で10分ほど煮る。
4　器に盛り、木の芽をのせる。

「あら炊き地」で作る
鯛かぶと煮
写真＞ p.42

（2人分）
鯛かぶと（頭）…1尾分
シイタケ…2枚
あら炊き地（p.42参照）…500cc
菜の花のお浸し…適量
生姜（せん切り）…適量

1　鯛かぶとは2つに割り、沸騰湯に通して霜降りし、うろこ、汚れをきれいにとる。水気をふく。
2　シイタケは食べやすく切る。
3　鍋に1、2、あら炊き地を入れて火にかけ、沸いたらアルミ箔を落とし蓋にし、煮汁がとろっとするまで煮る。
4　器に盛り付け、菜の花のお浸しを添え、生姜をのせる。

「焼きとりだれ」で作る
焼きとり
写真＞p.56

（2人分）
鶏もも肉…1枚（250g）
長ネギ…1本
焼きとりだれ（p.56参照）…適量

1　鶏肉は一口大に切る。長ネギは3cm長さに切る。
2　1が交互に並ぶように串を打つ。
3　焼き台で2を焼き、焼き目がついたらたれを2、3回塗りながら焼く。

「柚庵地」で作る
さば柚庵焼き
きんかんおろし
写真＞p.57

（2人分）
さば…1尾
キンカン…4個
大根おろし…80g
金針菜（素揚げしたもの）…12本
柚庵地（p.57参照）…適量
A
├塩…少量
├酢…少量
└砂糖…少量

1　さばは三枚におろして骨をとり、皮目に包丁目を入れて適当な大きさに切り分ける。
2　柚庵地に1を漬け、40分ほどおく。
3　キンカンは半分に切って種をとり、粗みじんに切って、大根おろしに加えて和え、Aで味付ける。
4　2を焼き台で焼く（途中で柚庵地を2、3回かけながら）。
5　4のさばを器に盛り、素揚げした金針菜と3を添える。

補足レシピ

「黄身焼き地」で作る
いか黄身焼き

写真 > p.62

（2人分）
紋甲いか…1パイ
片栗粉…適量
黄身焼き地（p.62参照）…適量

1　紋甲いかは掃除して、身を半分に切り、両面に斜めの包丁目を入れる。
2　1に串を打ち、片栗粉をまんべんなくまぶす。
3　2を弱火の焼き台で焼き、表面が乾いたら黄身焼き地をハケで塗る。これを4、5回繰り返しながら両面を焼く。冷ましておく。
4　冷めたら一口大に切って、器に盛る。

「胡桃味噌」で作る
アスパラの胡桃味噌がけ

写真 > p.79

（2人分）
グリーンアスパラガス…4本
塩…少量
胡桃味噌（p.79参照）…大さじ4

1　アスパラガスは固い根元を切り落とし、皮をピーラーで少しむく。
2　沸かして塩を加えた湯に、1を入れて固めにゆで、ザルに上げて冷ます。
3　2を食べやすい長さに切って器に盛り、胡桃味噌を添える。

「春ポン酢」で作る
春キャベツと豚しゃぶの
ポン酢がけ

写真 > p.88

（2人分）
春キャベツ…1/2個
豚ばら肉（しゃぶしゃぶ用スライス）
　…150g
塩…少量
春ポン酢（p.88参照）…適量

1　春キャベツはざく切りにし、塩を入れた湯でさっとゆで、ザルに上げて冷ます。
2　豚肉は、80℃ほどの湯でさっとゆでて、ザルに上げる。
3　1、2を器に盛り合わせ、春ポン酢をかける。

「柿酢」で作る
生牡蠣　柿酢がけ
写真＞ p.96

（2人分）
牡蠣（殻付き）…2個
柿酢（p.96参照）…適量
万能ネギ（小口切り）…少量
スダチ…1個

1　牡蠣は殻を開ける。
2　1に柿酢をかけ、万能ネギをのせる。切ったスダチを添える。

「黄身酢」で作る
蟹とフルーツトマト　黄身酢がけ
写真＞ p.97

（2人分）
ずわいがに…1/2パイ
フルーツトマト…1個
黄身酢（p.97参照）…適量

1　かにはゆでて殻をむく。
2　フルーツトマトは一口大に切る。
3　1、2を器に盛り、黄身酢をかける。

「塩昆布ドレッシング」で作る
白菜、九条ねぎ、しらすの塩昆布サラダ
写真＞ p.99

（2人分）
白菜（中心部の黄色いところ）…1/4個
九条ネギ…2本
しらす…30g
塩昆布ドレッシング（p.99参照）…適量
煎り白ゴマ…少量

1　白菜はざく切りにする。
2　九条ネギは斜め薄切りにする。
3　1、2、しらすをボウルに入れ、塩昆布ドレッシングを加えて手で和え、器に盛る。白ゴマをふる。

補足レシピ

「和風タルタルソース」で作る

さば、帆立、たらの芽ミックスフライ 和風タルタル添え

写真＞ p.104

（2人分）
さば（三枚におろした身）…半身
帆立貝柱…4個
たらの芽…4本
薄力粉…適量
溶き卵…1個分
パン粉…適量
揚げ油…適量
和風タルタルソース（p.104参照）…適量

1 さばは小骨をとり、一口大に切る。
2 帆立貝柱は洗ってしっかり水気をふく。
3 たらの芽は根元を切り、掃除する。
4 1、2、3に薄力粉、溶き卵、パン粉の順に衣をつけて、170℃の油で3～4分揚げる。
5 器に盛り合わせ、和風タルタルソースを添える。

「だしジュレ」で作る

新玉ねぎ豆腐 生うに、菜の花だしジュレがけ

写真＞ p.106

（15cm×15cmの流し缶1枚分）
新玉ネギ…1kg
帆立貝柱（生食用）…1個
太白ゴマ油…適量
塩…適量
A
├ 牛乳…36cc
└ 葛粉…15g
生うに…適量
菜の花のお浸し…適量
だしジュレ（p.106参照）…適量

1 新玉ネギは皮をむき、薄切りにする。
2 鍋に1と太白ゴマ油、塩を入れ、弱火でじっくり炒め煮にする。水分が出てきたら、帆立貝柱を加え、蓋をして蒸し煮する（ときどきかき混ぜる）。
3 2に充分に火が通ったら、ミキサーにかける。よく冷ましておく。
4 3を180ccとり分け、鍋に入れる。
5 Aを混ぜ合わせ、漉しながら4に入れ、火にかけながら練り上げる。
6 最後に味を見て塩分を調節し、水でぬらした流し缶に流し入れ、冷蔵庫で冷やし固める。

7 食べやすい大きさに切って器に盛り、うにをのせ、菜の花のお浸しを添え、だしジュレをスプーンで崩してかける。

「すだちジュレ」で作る
緑野菜のすだちジュレがけ
写真> p.110

（2人分）
　キュウリ…1本
　オクラ…4本
　アボカド…1個
　インゲン…6本
　塩…少量
　太白ゴマ油…大さじ2
　わさび（すりおろし）…少量
　すだちジュレ（p.110参照）…適量

1 オクラ、インゲンは塩ゆでしてザルに上げ、冷ましておく。食べやすく切る。
2 キュウリは少量をよりキュウリにし、残りを包丁でたたいて、たたきキュウリにする。
3 アボカドは種と皮をとり除き、一口大に切る。
4 1、2のたたきキュウリ、3を合わせて太白ゴマ油、塩少量、おろしわさびで和える。
5 4を器に盛り、すだちジュレをスプーンで崩してかける。よりキュウリを飾る。

「きゅうりジュレ」で作る
いかともずくの
きゅうりジュレがけ
写真> p.112

（2人分）
　いか（刺身用）…60g
　もずく…40g
　きゅうりジュレ（p.112参照）…適量

1 いかは食べやすく切る。
2 もずくは洗って水気を切り、ざく切りにする。
3 1、2を合わせて器に盛り、きゅうりジュレをかける。

補足レシピ

「旨だしあん」で作る
湯葉しんじょうの旨だしあんがけ

写真＞ p.114

（作りやすい量）
引き上げ湯葉…10枚
白身魚のすり身…1kg
豆乳…500cc
薄口醤油…大さじ2
みりん…大さじ2
卵白…2個分
塩…適量
シイタケ（さっとゆでて、お浸し地に漬けたもの）…適量
うるい（さっとゆでて、お浸し地に漬けたもの）…適量
旨だしあん（p.114参照）…適量
木の芽…少量

1　湯葉は1cm角ほどに切り、水から入れてやわらかくなるまでゆで、薄口醤油とみりんを加えて下味をつける。
2　1をそのまま冷まして味を含ませた後、とり出してよく絞る。
3　フードプロセッサーにすり身を入れて攪拌し、卵白、塩を入れて更に攪拌する。
4　3に豆乳を加えながら攪拌してのばした後、2を加えて更によく混ぜる。
5　4を丸にとってバットに並べ、蒸気の上がった蒸し器に入れて、中火で10〜15分ほど蒸す。
6　5を器に盛り、シイタケとうるいのお浸しを添えて、温めた旨だしあんをかけ、木の芽をのせる。

「梅あん」で作る
梅茶碗蒸し

写真＞ p.116

（2人分）
卵…1個
だし…180cc
薄口醤油…小さじ1/2
みりん…小さじ1
ユリ根…20g
塩…少量
梅あん（p.116参照）…適量
花穂じそ…少量

1　ボウルに卵を割りほぐし、だし、薄口醤油、みりんを混ぜ合わせて漉す。
2　ユリ根を掃除して、さっと塩蒸ししておく。
3　器に2と1を入れ、蒸気の上がった蒸し器に入れて、弱火で15分蒸す。
4　温めた梅あんを、蒸し上がった3の上に流す。花穂じそを添える。

「玉子そぼろ」で作る
車海老、せり、しいたけ そぼろ和え
写真> p.129

（2人分）
車えび…4本
セリ…1把
シイタケ…4枚
海老だし（p.19参照）…適量
お浸し地（p.27参照）…適量
塩…少量
玉子そぼろ（p.129参照）…適量

1　車えびは、海老だしで炊いて冷まし、殻をむく。
2　セリはさっと塩ゆでして水気を切り、お浸し地に漬けておく。
3　シイタケは焼いて、お浸し地に漬けておく。
4　1、2、3の水気をふきとり、食べやすく切る。玉子そぼろで和えて、器に盛る。

「おかき揚げ衣」で作る
ごぼう、アボカド　おかき揚げ
写真> p.135

（2人分）
ゴボウ…150g
アボカド…1個
薄力粉…少量
卵白…適量
おかき揚げ衣（p.135参照）…適量
含め煮地（p.44参照）…適量
揚げ油…適量
塩…少量
金針菜（素揚げしたもの）…適量

1　ゴボウは食べやすい大きさに切り、水から入れて下ゆでする。水気を切り、含め煮地で炊いて、冷ましておく。
2　アボカドは皮と種をとり除き、一口大に切る。
3　1、2に薄力粉、卵白、おかき揚げ衣の順につけ、170℃の油で3〜4分揚げる。
4　器に盛り、塩と、金針菜の素揚げを添える。

補足レシピ

「胡麻醤油」で作る
胡麻さば
写真 > p.140

（2人分）
さば（生食用）…半身
紅たで…少量
煎り白ゴマ…少量
わさび（すりおろし）…少量
胡麻醤油（p.140参照）…適量

1　さばは小骨、皮をとり除き、そぎ切りにする。
2　1を胡麻醤油で和える。
3　器に盛り、紅たで、白ゴマを散らし、おろしわさびをのせる。

「煎り酒」で作る
平目昆布締め　煎り酒がけ
写真 > p.141

（2人分）
平目（刺身用サク）…150g
うど…50g
昆布…適量
酒…少量
酢…適量
煎り酒（p.141参照）…適量
わさび（すりおろし）…適量

1　平目は皮をひいて、酒でふいた昆布で挟み、半日おく。
2　うどはマッチ棒状に切って酢水にさらす。
3　1をそぎ切りにし、2とともに器に盛る。煎り酒をかけ、おろしわさびをのせる。

「竹の子醤油」で作る
さよりの造り 竹の子醤油
写真 > p.143

（2人分）
さより…2尾
わかめ（塩蔵）…30g
竹の子醤油（p.143参照）…適量
わさび（すりおろし）…少量
木の芽…少量

1　さよりは三枚におろして小骨、皮をとり除き、一口大に切る。
2　わかめは水で戻して水気を切り、ざく切りにする。
3　1、2を器に盛り、おろしわさびを添え、木の芽を散らす。竹の子醤油を別皿で添える。

「春菊醤油」で作る
蟹とえのきの春菊和え
写真 > p.144

（2人分）
かにのほぐし身…80g
エノキ…1パック
塩…少量
春菊醤油（p.144参照）…適量
黄柚子皮…少量

1　エノキは塩を入れた湯でさっとゆでて、水気をしっかり切る。
2　1とかにの身を春菊醤油で和える。
3　器に盛り、すりおろした柚子皮を散らす。

「焼きなす醤油」で作る
鯵と焼きなす タルタル仕立て
写真 > p.145

（2人分）
あじ…1尾
焼きなす醤油（p.145参照）…適量
万能ネギ（小口切り）…3本分
煎り白ゴマ…少量

1　あじは三枚におろして中骨、皮をとり除き、粗みじんに切る。
2　1を焼きなす醤油で和える。
3　器に盛り、万能ネギをのせてと白ゴマをふる。

補足レシピ

「松茸醤油」で作る
かます棒寿司 松茸醤油
写真＞ p.147

（2人分）
かます…1本
塩…少量
酢…少量
ご飯…300g
寿司酢（ちらし用。p.52参照）
　または黒寿司酢（p.53参照）…40cc
松茸醤油（p.146参照）…適量
スダチ…1個

1　かますは三枚におろして塩を両面にあて、30分おく。
2　1を水でさっと洗って塩を落とし、酢に20分浸ける。
3　2の水気を切り、小骨を抜く。皮目に包丁目を入れる。
4　ご飯に寿司酢を加えて酢飯を作る。
5　3と4で棒寿司を作り、皮目をバーナーであぶる。一口大に切る。
6　5に松茸醤油をのせて器に盛り、切ったスダチを添える。

「きゅうりおろし」で作る
ほっき貝あぶり
きゅうりおろし和え
写真＞ p.158

（2人分）
ほっき貝…2個
塩…少量
きゅうりおろし（p.158参照）…大さじ2
花穂じそ…少量

1　ほっき貝はむいて、掃除する。
2　1に塩を少量ふり、直火でさっとあぶる。一口大に切る。
3　2をきゅうりおろしで和え、器に盛る。花穂じそをのせる。

「春菊おろし」で作る
まぐろのたたき
春菊おろし和え
写真＞ p.160

（2人分）
まぐろ（刺身用赤身サク）…100g
造り醤油（p.137参照）…少量
春菊おろし（p.160参照）…大さじ4

1　まぐろは、強火で熱したフライパンに入れて表面だけ焼き目をつけ、とり出す。
2　1を一口大に切り、造り醤油をからめる。
3　2を春菊おろしで和えて、器に盛る。

「里いもピューレ」で作る
豚角煮　里いもピューレ
写真> p.173

（作りやすい量）
豚ばら肉（塊）…600g
玉ネギ（薄切り）…1個分
A
├ 水…1ℓ
├ 砂糖…大さじ3
├ 酒…200cc
└ だし昆布…5g
醤油…大さじ3
里いもピューレ（p.172参照）…適量
芽ネギ（2cm長さに切る）…1/2パック
黒コショウ…少量

1　豚肉は5cm角ほどに切り、鍋に入れてかぶるくらいの水を加え、2時間ほど下ゆでする。
2　1の肉をさっと水で洗い、新たに鍋に入れてAを加え、玉ネギも入れて火にかけ、弱火で1時間煮る。
3　2に醤油を加え、更に30分弱火で煮る。火を止めて、そのまま冷めるまでおく。
4　3をもう一度温めて器に盛り、温めた里いもピューレをかけ、芽ネギをのせる。黒コショウをふる。

「しば漬けおろし」で作る
ささみ湯引き　しば漬けおろし
写真> p.164

（2人分）
鶏ささみ…2本
塩…少量
造り醤油（p.137参照）…少量
しば漬けおろし（p.164参照）…大さじ3
煎り白ゴマ…少量

1　ささみは筋をとり、沸かして塩を加えた湯でさっとゆがき、氷水に落とす。水気をしっかりふきとる。
2　1をそぎ切りにし、造り醤油で和える。
3　2をしば漬けおろしで和えて、器に盛る。白ゴマをふる。

補足レシピ

「白菜ピューレ」で作る
白菜のすり流し 雲子の天ぷら
写真＞ p.173

（2人分）
雲子（鱈の白子）…100g
天ぷら衣（p.131参照）…適量
薄力粉…適量
A
├ 白菜ピューレ（p.172参照）…100g
├ だし…200cc
└ 塩…少量
揚げ油…適量
一味唐辛子…少量
黄柚子皮…少量

1　雲子は掃除して、一口大に切り分ける。
2　1に薄力粉をまぶして天ぷら衣をくぐらせ、170℃の油で2～3分揚げる。
3　Aを鍋に入れて火にかけ、温める。
4　器に3を流し入れ、2をのせ、一味唐辛子、すりおろした柚子皮をふる。

「そら豆ピューレ」で作る
そら豆そうめん
写真＞ p.179

（2人分）
そうめん…2把
そら豆ピューレ（p.178参照）…適量
黒コショウ…少量
車えび…2本
海老地（p.43参照）…適量
芽ネギ（2cm長さに切る）…少量

1　車えびは、海老地で炊いて冷やしておく。
2　そうめんをゆでて冷水に落とし、よくもみ洗いしてしっかり水気を切る。
3　2をそら豆ピューレで和えて器に盛り、黒コショウをふる。1の車えびの殻をむいて添え、芽ネギをのせる。

「とうもろこしピューレ」で作る
車海老、枝豆　もろこし和え
写真＞ p.179

（2人分）
車えび…4本
枝豆（正味）…50g
海老地（p.43参照）…適量
とうもろこしピューレ（p.178参照）
　　…大さじ3
塩…適量

1　車えびは、海老地で炊いて冷やしておく。殻をむいて、食べやすく切る。
2　枝豆は塩ゆでし、サヤからとり出して薄皮をむく。
3　1、2をとうもろこしピューレで和えて、器に盛る

「あんずソース」で作る

フルーツトマト
あんずソースがけ

写真＞ p.187

（2人分）
フルーツトマト…2個
あんずソース（p.187参照）…適量
黒コショウ…少量

1　フルーツトマトは皮を湯むきして、冷やしておく。
2　器にあんずソースを敷く。1を4等分のくし形切りにし、元の形に戻して盛り付ける。黒コショウをふる。

「白ワインジュレ」で作る

大葉シャーベット、メロン
白ワインジュレがけ

写真＞ p.194

（作りやすい量）
砂糖…200g
水…1ℓ
大葉…40枚
梅酒…100cc
レモン果汁…1個分
白ワイン…適量
メロン（小角切り）…適量
白ワインジュレ（p.194参照）…適量

1　砂糖と分量の水を混ぜて砂糖水を作り、バットに流し、冷凍庫に一晩おいて凍らせる。
2　大葉は茎をとり除き、ざく切りにする。
3　1を適当な大きさに砕いてミキサーに入れ、2と梅酒、レモン果汁を加えて攪拌する。
4　3に白ワインを加えながら攪拌し、なめらかになるまで調整する。
5　4を密閉容器に入れ、再び冷凍庫に入れて凍らせる。
6　5を崩して器に入れ、メロンを散らし、白ワインジュレを崩してかける。

補足レシピ

「カンパリジュレ」で作る
カンパリみかん
写真＞p.193

（作りやすい量）
ミカン…3個
はちみつ…少量
カンパリジュレ（p.192参照）…適量
ミントの葉…適量

1　ミカンは皮をむいて実をとり出し、はちみつで和える。
2　1を器に入れ、カンパリジュレをかけ、ミントを飾る。

「管ごぼう」で作る
管ごぼうのあん肝詰め
写真＞p.201

（2人分）
あん肝…50g
穴子地（p.41参照）…適量
管ごぼう（p.201参照）…適量

1　あん肝は掃除して、穴子地に入れて低温で炊いておく。
2　1を裏漉してペースト状にし、管ごぼうに詰める。一口大に切って器に盛り、木の芽（分量外）を添える。

「焼きなす煮浸し」で作る
焼きなす煮浸し　生うにのせ
写真＞p.198

（2人分）
焼きなす煮浸し（p.198参照）…適量
生うに…50g
わさび（すりおろし）…少量

焼きなす煮浸しを一口大に切って器に盛り、うにをのせ、おろしわさびを添える。

「たたきおくら」で作る
いかおくら
写真＞p.205

（2人分）
いか（刺身用おろし身）…100g
たたきおくら（p.205参照）…適量
生姜（すりおろし）…少量
ポン酢（p.88参照）…少量

いかは食べやすく切り、たたきおくらで和える。器に盛り、おろし生姜を添えて、ポン酢をかける。

「竹の子含め煮」で作る
竹の子唐揚げ 若布おろし
写真＞ p.206

（2人分）
竹の子含め煮（p.206参照）…1本
わかめ（塩蔵を戻したもの）…30g
大根おろし…大さじ4
片栗粉…適量
粉山椒…少量
揚げ油…適量

1　わかめをみじん切りにし、大根おろしと混ぜ合わせる。
2　竹の子含め煮を、食べやすい大きさのくし形切りにし、片栗粉をまぶして170℃の油で揚げる。
3　2と1を器に盛り付け、粉山椒を少量ふる。

「れんこん餅」で作る
れんこん揚げまんじゅう 蟹あんかけ
写真＞ p.209

（2人分）
れんこん餅（p.209参照）…150g
上新粉…適量
かにの身…30g
揚げ出し地（p.29参照）…150cc
水溶き片栗粉…適量
芽ネギ…少量
揚げ油…適量

1　れんこん餅を一口大に丸め、上新粉をまぶして170℃の油でカリッと揚げる。
2　揚げ出し地にかにの身を加えてひと煮立ちさせ、水溶き片栗粉でとろみをつける。
3　1を器に入れて2をかけ、芽ネギをのせる。

補足レシピ

「ふきのとう味噌」で作る
焼き厚揚げ ふき味噌のせ
写真＞ p.214

（2人分）
厚揚げ…1枚
ふきのとう味噌（p.214参照）…適量

厚揚げをこんがり焼いて一口大に切り、器に盛って、ふきのとう味噌をのせる。

「菜の花昆布締め」で作る
菜の花昆布締め 平目巻き
写真＞ p.215

（2人分）
平目（刺身用サク）…80g
菜の花昆布締め（p.215参照）…適量
わさび（すりおろし）…少量
塩…少量
スダチ…適量

1　平目を薄切りにし、菜の花昆布締めを巻く。
2　器に盛り、おろしわさび、塩、スダチを添える。

「炒めきのこ」で作る
炒めきのことベーコンの炊き込みご飯
写真＞ p.217

（作りやすい量）
炒めきのこ（p.217参照）…50g
ベーコン（薄切り）…2枚
米…2合
薄口飯地（p.48参照）…360cc
万能ネギ（小口切り）…少量
黒コショウ…少量

1　ベーコンは1cm幅に切る。
2　土鍋に米、薄口飯地、炒めきのこ、1を入れて炊く。仕上げに万能ネギを散らし、黒コショウをふる。

「かんぴょう煮」で作る
かんぴょう、かまぼこ わさび和え
写真＞ p.218

（2人分）
かんぴょう煮（p.218参照）…30g
かまぼこ…50g
わさび（すりおろし）…適量
焼き海苔…適量

1　かんぴょう煮はざく切りに、かまぼこは細切りにする。
2　1をおろしわさびで和えて、器に盛り、食べやすく切った焼き海苔を添える（海苔で包んで食べる）。

「油揚げ甘煮」で作る
一口いなり寿司
写真＞ p.221

（2人分）
油揚げ甘煮（p.221参照）…適量
ご飯…300g
寿司酢（にぎり用。p.52参照）…大さじ3
しらす…20g
梅干し（種をとり除き、包丁でたたく）
　…1個分
たくあん漬け（みじん切り）…20g

1　ご飯に寿司酢を加えて酢飯を作り、3等分にし、しらす、梅干し、たくあん漬けを1種ずつ混ぜ込む。
2　油揚げ甘煮を包丁で切り開き、1のご飯をそれぞれ包む。

「鯛の桜葉締め」で作る
鯛桜締め　桜餅仕立て
写真＞ p.224

（2人分）
鯛の桜葉締め（p.224参照）…適量
道明寺粉…100g
桜の葉（塩漬け）…適量
A
├ だし…160cc
└ 粗塩…小さじ1/2
わさび（すりおろし）…少量

1　道明寺粉は、さっと洗って水気を切る。
2　Aを合わせて温め、ボウルに入れる。1を入れてラップフィルムをかけ、10分蒸らす。
3　さらしをぬらしてザルに広げ、2を平らに入れ、蒸気の上がった蒸し器に入れて、中火で20分蒸す。
4　鯛の桜葉締めは、そぎ切りにする。
5　3を一口大に丸めて4で包み込み、桜の葉で包む。おろしわさびを添える。

補足レシピ

「鯵酢締め」で作る
鯵薬味海苔巻き
写真＞ p.225

鯵酢締め (p.225参照)…適量
焼き海苔…1枚
みょうが…1個
大葉…5枚
万能ネギ…5本
スダチ…1個
生姜(すりおろし)…少量

1　みょうがと大葉はせん切りにする。
2　鯵酢締めをそぎ切りにして、まきすの上に敷いた海苔の上に並べ、1と万能ネギを芯にして巻く。
3　2を一口大に切って器に盛り、切ったスダチ、おろし生姜を添える。

「穴子一夜干し」で作る
穴子の一夜干し
クレソン和え
写真＞ p.228

(2人分)
穴子一夜干し (p.228参照)…1枚
クレソン…1把
塩…少量
お浸し地 (p.27参照)…適量

1　クレソンは塩ゆでして氷水に落とし、水気を切り、お浸し地に漬けておく。
2　穴子一夜干しを焼き台で焼き、一口大に切る。
3　1、2を合わせて器に盛る。

「海老しんじょう」で作る
海老しんじょう揚げ
写真＞ p.232

海老しんじょう (p.232参照)…適量
片栗粉…適量
スダチ…少量
塩…少量
揚げ油…適量

1　海老しんじょうを食べやすい大きさに切り、片栗粉をまぶして170℃の油で3分ほど揚げる。
2　器に盛り、切ったスダチと塩を添える。

「鶏つくね」で作る
鶏つくね 黄にらあんかけ

写真> p.240

（2人分）
鶏つくね（p.240参照）…適量
黄ニラ…1/2把
水溶き片栗粉…少量
A
├ 鶏つくねのゆで汁…300cc
├ 薄口醤油…大さじ1
└ みりん…大さじ1
黒コショウ…少量

1　黄ニラは5cm長さに切り、Aでさっと煮る。水溶き片栗粉でとろみをつける。
2　鶏つくね（作りおきしておいたものは、蒸して温めてから）を器に盛り、1をかけ、黒コショウをふる。

「鶏味噌」で作る
鶏味噌 ジャージャーうどん

写真> p.241

（1人分）
鶏味噌（p.241参照）…適量
キュウリ…1本
トマト…1/2個
うどん…1玉
ゴマ油…小さじ1
煎り白ゴマ…少量

1　キュウリはせん切りにし、トマトは2cm角に切る。
2　うどんをゆでて水気を切り、ゴマ油で和える。
3　2を器に盛り、1と鶏味噌をのせ、白ゴマをふる。

補足レシピ

「ゆでささみ」で作る

ささみ、根三つ葉 海苔和え

写真＞ p.242

（2人分）
ゆでささみ（p.242参照）…1本
根三つ葉…1/3把
塩…少量
焼き海苔…1/2枚
わさび（すりおろし）…小さじ1/2
A
├ 太白ゴマ油…小さじ1
└ 造り醤油（p.137参照）…小さじ1

1　根三つ葉は塩ゆでして水気を切り、Aで和える。
2　ゆでささみは手でほぐす。海苔はちぎる。
3　2に1とおろしわさびを加えて和える。

「鴨ロース」で作る

鴨ロースとねぎのサラダ

写真＞ p.243

（2人分）
長ネギ…1本
万能ネギ…5本
鴨ロース（p.243参照）…適量
煎り白ゴマ…少量
A
├ ゴマ油…大さじ2
├ 薄口醤油…小さじ1
├ みりん…小さじ1
├ 酢…大さじ1
└ 練りガラシ…小さじ1/2

1　長ネギはささうち（斜め薄切り）にし、万能ネギは5cm長さに切る。
2　鴨ロースはそぎ切りにする。
3　1、2をAで和えて器に盛り、白ゴマをふる。

「フォアグラの味噌漬け」で作る

フォアグラソースせんべい
梅ジャム添え

写真＞ p.245

（2人分）
A
- フォアグラの味噌漬け（p.244参照）
  …適量
- 奈良漬け…適量
- 梅ジャム…適量
- 大葉…適量

ソースせんべい…10枚

1　奈良漬けは粗みじん切りにする。
2　すべてを器に盛り合わせる。ソースせんべいに、Aをのせたり挟んだりして食べる。

「胡麻豆腐」で作る

焼き胡麻豆腐

写真＞ p.248

胡麻豆腐（p.248参照）…適量
葛粉…適量
わさび（すりおろし）…少量
濃口醤油…少量

1　胡麻豆腐を食べやすく切り分けて、葛粉をまぶす。
2　1の全面をサラマンダーで香ばしく焼いて、器に盛り、わさびをのせて、醤油を添える。

だし・たれ・合わせ調味料
索引(五十音順)

[あ]
青海苔衣　133
赤ワイン飯地　50
秋ポン酢　89
揚げ出し地　29
あさりだし　18
あずきクリーム　195
穴子地　41
甘酢　93
甘酢あん　115
粗塩ドレッシング　99
あら炊き地　42
合わせ薬味おろし　163
あわび肝ソース　64
アングレーズソース　183
あんずソース　187

[い]
いくら漬け地　68
炒め玉ねぎ味噌　82
炒め味噌　74
いちごソース　184
一番だし　13
いりこだし　14
煎り酒　141

[う]
薄口飯地　48
うどんつゆ
（関西風・かけ用）　34
うどんつゆ
（関東風・かけ用）　34
うなぎだれ　56
うに醤油　148
うにソース　64
うに焼き地　63
卯の花和え衣　127
旨だし　27
旨だしあん　114
梅和え衣　123
梅あん　116
梅胡麻　119
梅酒ジュレ　192
梅醤油　140
梅すいかピューレ　181
梅ドレッシング　102
梅味噌　83

[え]
海老地　43
海老だし　19

[お]
オイスタークリームソース　65
オーロラソース　103
おかき揚げ衣　135
おでん地　44
お浸し地　27
おろし野菜ドレッシング　98

[か]
柿酢　96
加減酢　92
粕漬け床　66
数の子漬け地　69
蟹酢　93
蟹だし　19
かぶピューレ　170
かぶみぞれジュレ　111
かぼちゃピューレ　179
かぼちゃ味噌　85
辛子和え衣　127
辛子酢味噌　81
からすみ塩昆布　125
カレー塩　153
韓国風酢味噌　86
カンパリジュレ　192

[き]
キウイおろし　168
キウイソース　186
きなこクリーム　188
きなこ衣　133
きのこピューレ　175
きのこ味噌　85
木の実揚げ衣　135
木の芽おろし　161
木の芽味噌　77
黄身おろし　157
黄身酢　97
黄身焼き地　62
牛丼地　39
きゅうりおろし　158
きゅうりジュレ　112

巨峰おろし　168
銀あん　113
金時にんじんピューレ　180
きんぴら地　45
金ぷら衣　131
金目鯛だし　20

[く]
胡桃和え衣　122
胡桃だれ　123
胡桃味噌　79
黒胡麻辛子醤油　149
黒胡麻衣　132
黒胡麻味噌　78
黒寿司酢　53
黒にんにく醤油　149
黒みつ　190
燻製焼きなすピューレ　174

[こ]
ゴーヤおろし　159
ごぼう醤油　143
ごぼうピューレ　173
胡麻和え衣　118
胡麻一味塩　154
胡麻クリーム　118
胡麻醤油　140
胡麻酢　94
胡麻ドレッシング　102
胡麻味噌　78
昆布だし　14

[さ]
魚だれ　55
酒粕和え衣　128

里いもピューレ　172
サバイヨンソース　183
さば味噌地　42
山椒塩　152
山椒味噌　82
山椒焼きだれ　60
三杯酢　91

[し]
しいたけ醤油　146
しいたけだし　15
塩黒胡椒胡麻油　154
塩昆布ドレッシング　99
塩八方地　28
塩ポン酢　90
塩ポン酢ジュレ　108
塩飯地　49
塩麺つゆ(温製用)　32
塩麺つゆ(冷製・かけ用)　31
塩麺つゆ(冷製・つけ用)　31
塩わさび　155
しぐれ煮地　45
しば漬けおろし　164
じゃがいもピューレ　170
酒盗醤油　148
春菊おろし　160
春菊醤油　144
春菊ピューレ　176
生姜一味　126
生姜ドレッシング　100
生姜焼きだれ　61
醤油飯地　47
白和え衣(クリーム)　120
白和え衣(胡麻)　120

白和え衣(チーズ)　121
白酢　97
白醤油飯地　48
白煮地　43
白味噌あん　116
白みつ　190
白身漬け地　69
白ワインジュレ　194
新生姜ジュレ　111
新玉ねぎピューレ　171

[す]
吸い地　26
寿司酢(ちらし用)　52
寿司酢(にぎり用)　52
すだちジュレ　110
すっぽんだし　17
酢味噌　80
ずんだあん　196

[せ]
セロリ醤油　145

[そ]
そら豆ピューレ　178

[た]
鯛だし　15
鯛茶用胡麻だれ　119
竹の子醤油　143
だしジュレ　106
玉子そぼろ　129
玉子の素　129
玉ねぎ醤油　142
玉味噌(赤)　73

玉味噌(田舎) 74
玉味噌(白) 73

[ち]
茶飯地 50
チョコ黒みつ 191
ちり酢 95

[つ]
造り醤油 137
粒あん 195
つぶつぶグレープ
　フルーツソース 185
粒マスタードおろし 165

[て]
天丼のたれ 66
天ぷら衣 131

[と]
とうもろこしピューレ 178
ドーナッツ衣 134
土佐酢 92
土佐酢ジュレ 107
土佐酢ドレッシング 98
トマトジュレ 112
トマト醤油 144
トマト味噌 80
ドライトマトだし 24
鶏ガラだし 22
鶏ガラ白湯だし 22
泥酢味噌 81
丼地(玉子とじ・関西風) 38
丼地(玉子とじ・関東風) 38

[な]
長いも柚子胡椒 126
梨大葉おろし 167
納豆醤油 138
夏ポン酢 89
菜の花辛子おろし 160
鍋地 35
鍋だし(塩) 36
鍋だし(味噌) 36
生青海苔ジュレ 109
なまこ酢 94
南蛮漬け地(塩) 70
南蛮漬け地(醤油) 71
南蛮味噌 79
南蛮焼きだれ 59

[に]
肉だれ 55
煮魚地(青魚用) 40
煮魚地(白身魚用) 40
二杯酢 91
二番だし 13
にらピューレ 177
にんじんおろし 158

[ね]
練り酒盗 124

[の]
海苔醤油 139
海苔わさびおろし 163

[は]
バーベキューソース 62
パイナップルソース 185

白菜ピューレ 172
白扇揚げ衣 134
バター味噌 84
はちみつレモンドレッシング
　100
八方地 28
春ポン酢 88

[ひ]
ピクルス地 71

[ふ]
ふぐだし 16
含め煮地 44
冬ポン酢 90
ふわふわ卵黄醤油 151

[へ]
ペコロス酒盗おろし 164
べっこうあん 113
紅いも酢ジュレ 109
ベニエ衣 132

[ほ]
ホワイトセロリおろし 162
ポン酢ジュレ 108
ポン酢(通年) 88

[ま]
まぐろ漬け地 68
まさご和え衣 128
松茸醤油 146
抹茶塩 153
抹茶ソース 188
マヨネーズ 103

[み]
みかんおろし　167
味噌床（合わせ味噌）　67
味噌床（白味噌）　67
味噌柚庵地　57
みぞれあん　115
みたらしあん　189
緑野菜のピューレ　176
みりんソース　187

[め]
麺つゆ（温製用）　32
麺つゆ（冷製・かけ用）　30
麺つゆ（冷製・つけ用）　30

[も]
桃酢　96
モロヘイヤおろし　162

[や]
焼きトマトピューレ　180
焼きとりだれ　56
焼きなす醤油　145
焼き肉だれ　61
野菜だし　24
山いもおろし　159

[ゆ]
柚庵地　57
ゆかり塩　152
柚子味噌　76

[ら]
卵黄醤油　150

[り]
利久地　58
りんごおろし　166
りんごピューレ　175

[れ]
レモン醤油　141
レモン寿司酢　53

[わ]
若狭地　58
和風タルタルソース　104
和風トマトソース　65
割り下　39
割り醤油　137

便利な作りおき
索引（五十音順）

[あ]
鯵酢締め　225
穴子一夜干し　228
油揚げ甘煮　221
あわびやわらか煮　233

[い]
飯蒸し　252
いかの塩麹漬け　230
炒めきのこ　217

[え]
海老しんじょう　232

[か]
牡蠣のオイル漬け　235
カステラ玉子　250
かぶ千枚漬け風　202
かぼちゃ含め煮　200
鴨ロース　243
かんぴょう煮　218

[き]
擬製豆腐　249
きゅうり、なす福神漬け　211
金時にんじんきんぴら　207

[く]
管ごぼう　201
雲子南蛮漬け　237

[こ]
小鯛山椒煮　223
紅芯大根はちみつ漬け　213
胡麻豆腐　248

[さ]
さつまいもレモン煮　199
里いもチップス　208
さばのスモーク　226

[た]
大根お浸し　204
鯛の桜葉締め　224
竹の子含め煮　206
たこ桜煮　231
たたきおくら　205

[ち]
ちりめん山椒　229

[と]
鶏そぼろ　239
鶏つくね　240
鶏味噌　241
どんこしいたけ煮　219

[な]
長いもの味噌漬け　216
菜の花昆布締め　215

[に]
煮帆立　234

[は]
白菜芥子漬け　210
はまぐり酒蒸し浸し　236

[ふ]
フォアグラの味噌漬け　244
ふきのとう味噌　214
豚の西京漬け　246

[み]
みょうが甘酢漬け　212

[や]
焼きなす煮浸し　198

[ゆ]
ゆでささみ　242
湯葉煮浸し　220

[り]
りんごみりん炊き　222

[れ]
冷凍卵黄　251
れんこん餅　209

[ろ]
ローストビーフ　柚庵風味　247

[わ]
若布お浸し　238

活用料理
索引(材料別)

[アサリ]
あさり、菜の花　煮浸し　18

[アジ]
鯵と焼きなす　タルタル仕立て　145
鯵薬味海苔巻き　225

[アズキ]
りんごもなか　222

[アスパラガス]
アスパラの胡桃味噌がけ　79
ホワイトアスパラ　ふわふわ卵黄醤油がけ　151
緑野菜のお浸し　27

[アナゴ]
穴子の一夜干し　クレソン和え　228
穴子のベニエ衣揚げ　燻製焼きなすピューレ　174
煮穴子　きゅうりサラダ添え　41

[油揚げ・厚揚げ]
一口いなり寿司　221
焼き厚揚げ　ふき味噌のせ　214

[アボカド]
ごぼう、アボカド　おかき揚げ　135
ぶりとアボカド揚げ出し　29
緑野菜のすだちジュレがけ　110

[アンキモ]
管ごぼうのあん肝詰め　201

[イカ]
あおりいか、紅芯大根　練り酒盗がけ　124
いかおくら　205
いか黄身焼き　62
いかともずくのきゅうりジュレがけ　112

[イチゴ]
いちごの白和え　121
ミルクプリン　いちごソース　184

[インゲン]
緑野菜のすだちジュレがけ　110

[うどん]
鶏味噌　ジャージャーうどん　241

[ウルイ]
うるい、菜の花　胡麻和え　118

[エダマメ]
車海老、枝豆　もろこし和え　179
ずんだ餅　196

[エノキ]
蟹とえのきの春菊和え　144

[エビ]
甘海老、卵黄醤油ご飯　150
海老しんじょう揚げ　232
車海老、枝豆　もろこし和え　179
車海老、せり、しいたけ　そぼろ和え　129
竹の子と車海老　木の芽味噌和え　77

[エリンギ]
鶏砂肝とエリンギのサラダ　101

[オオバ]
大葉シャーベット、メロン　白ワインジュレがけ　194

[オクラ]
いかおくら　205
緑野菜のすだちジュレがけ　110

[牡蠣]
牡蠣南蛮そば　33
生牡蠣　柿酢がけ　96

[柿]
さばスモーク、柿、春菊サラダ　227

[カツオ]
かつおたたき　にらピューレ　177
かつおの納豆醤油丼　138

[カニ]
蟹とえのきの春菊和え　144
蟹とフルーツトマト　黄身酢がけ　97
蟹もずく雑炊　19

[カブ]
かぶ千枚漬け寿司　203
かぶのふろふき　76
鯛かぶら　15

[カマス]
かます棒寿司　松茸醤油　147

[カマボコ]
かんぴょう、かまぼこ　わさび和え　218

[鴨（合鴨）肉]
鴨の照り焼き　九条ねぎ添え　黄身おろし　157
鴨ロースとねぎのサラダ　243

[カラスミ]
からすみ飯蒸し　252

[かんぴょう]
かんぴょう、かまぼこ　わさび和え　218

[キノコ]
炒めきのことベーコンの炊き込みご飯　217

[キャベツ]
春キャベツと豚しゃぶのポン酢がけ　88

[牛肉]
牛いちぼ　山椒焼き　60
牛たたき　玉ねぎ醤油　142
牛にぎり寿司　51
金時にんじんとローストビーフ　胡桃和え　122
トマト牛丼　39

[牛乳]
ミルクプリン　いちごソース　184

[キュウリ]
緑野菜のすだちジュレがけ　110

[魚介]
魚介と若布の土佐酢ジュレがけ　107

[キンメダイ]
金目鯛と焼き豆腐の煮付け　40
金目鯛　白湯ラーメン　21

[クモコ]
雲子と鱈の炊き込みご飯　49
白菜のすり流し　雲子の天ぷら　173

[クレソン]
穴子の一夜干し　クレソン和え　228
クレソンおろしそば　30

[紅芯ダイコン]
あおりいか、紅芯大根　練り酒盗がけ　124

[ゴボウ]
管ごぼうのあん肝詰め　201
ごぼう、アボカド　おかき揚げ　135

[ゴマ]
焼き胡麻豆腐　248

[米]
あぶり親子丼 38
甘海老、卵黄醤油ご飯 150
炒めきのことベーコンの炊き込みご飯 217
かつおの納豆醤油丼 138
蟹もずく雑炊 19
かぶ千枚漬け寿司 203
かます棒寿司 松茸醤油 147
からすみ飯蒸し 252
牛にぎり寿司 51
雲子と鱈の炊き込みご飯 49
鯛飯 47
トマト牛丼 39
一口いなり寿司 221
ミニ鶏そぼろ丼 239

[サケ・サーモン]
サーモン利久焼き 粒マスタードおろし 165
鮭じゃが鍋 37

[サツマイモ]
大学いものアイスクリーム みたらしあん 189

[サバ]
胡麻さば 140
さばスモーク、柿、春菊サラダ 227
さば、帆立、たらの芽 ミックスフライ 和風タルタル添え 104
さば柚庵焼き きんかんおろし 57

[サヨリ]
さよりの造り 竹の子醤油 143

[サワラ]
鰆の南蛮漬け 70

[シイタケ]
車海老、せり、しいたけ そぼろ和え 129

[ジャガイモ]
鮭じゃが鍋 37
じゃがいものバター味噌煮 84

[シュンギク]
さばスモーク、柿、春菊サラダ 227

[白魚]
白魚の磯辺揚げ 133

[白玉粉]
ずんだ餅 196

[白身魚・すり身]
海老しんじょう揚げ 232
韓国風刺身 86
白身魚造り からすみ塩昆布 125
帆立しんじょうのお椀 26
湯葉しんじょうの旨だしあんかけ 114

[スッポン]
丸鍋 17

[スナップエンドウ]
緑野菜のお浸し 27

[セリ]
車海老、せり、しいたけ そぼろ和え 129

[そうめん]
そら豆そうめん 179
ふぐにゅうめん 16

[そば]
牡蠣南蛮そば 33
クレソンおろしそば 30

[ソラマメ]
そら豆そうめん 179

[タイ]
鯛かぶと煮　42
鯛かぶら　15
鯛桜締め　桜餅仕立て　224
鯛飯　47
竹の子と鯛の唐揚げ　木の芽おろし　161

[タケノコ]
竹の子唐揚げ　若布おろし　206
竹の子と車海老　木の芽味噌和え　77
竹の子と鯛の唐揚げ　木の芽おろし　161

[タコ]
水だこたたき　梅すいかすり流し　181

[タマゴ]
あぶり親子丼　38
梅茶碗蒸し　116
冷凍卵黄　塩昆布まぶし　251

[玉ネギ]
新玉ねぎ豆腐　生うに、菜の花
　　だしジュレがけ　106

[タラ]
雲子と鱈の炊き込みご飯　49

[タラノメ]
さば、帆立、たらの芽　ミックスフライ
　　和風タルタル添え　104

[チーズ]
蒸しチーズケーキ　キウイソース　186

[中華麺]
金目鯛　白湯ラーメン　21

[豆腐]
金目鯛と焼き豆腐の煮付け　40

[道明寺粉]
鯛桜締め　桜餅仕立て　224

[トマト]
蟹とフルーツトマト　黄身酢がけ　97
トマト牛丼　39
フルーツトマト　あんずソースがけ　187

[鶏肉・砂肝・レバー]
あぶり親子丼　38
ささみ、根三つ葉　海苔和え　242
ささみ湯引き　しば漬けおろし　164
手羽焼き　ゆかり塩　レモン　152
鶏砂肝とエリンギのサラダ　101
鶏つくね　黄にらあんかけ　240
鶏のあぶり焼き　梅味噌がけ　83
鶏、白菜　水炊き風　23
鶏味噌　ジャージャーうどん　241
鶏レバーあぶり焼き　塩わさび　155
ミニ鶏そぼろ丼　239
焼きとり　56

[長イモ]
ぶりと長いものとんぶり和え　139

[長ネギ・九条ネギ]
鴨ロースとねぎのサラダ　243
白菜、九条ねぎ、しらすの塩昆布サラダ
　　99
豚ねぎ鍋　35

[ナス]
鯵と焼きなす　タルタル仕立て　145
豚ばらとなすの味噌炒め　75
焼きなす煮浸し　生うにのせ　198

[菜の花]
あさり、菜の花　煮浸し　18
うるい、菜の花　胡麻和え　118
菜の花昆布締め　平目巻き　215

[ニンジン]
金時にんじんとローストビーフ　胡桃和え　122

[ハクサイ]
鶏、白菜　水炊き風　23
白菜、九条ねぎ、しらすの塩昆布サラダ　99
白菜のすり流し　雲子の天ぷら　173

[バナナ]
バナナ豆腐　チョコ黒みつ　191

[ハマグリ]
はまぐり磯辺焼き　236

[ヒラメ]
菜の花昆布締め　平目巻き　215
平目昆布締め　煎り酒がけ　141

[フォアグラ]
フォアグラソースせんべい　梅ジャム添え　245

[フグ]
ふぐにゅうめん　16

[豚肉]
春キャベツと豚しゃぶのポン酢がけ　88
豚角煮　里いもピューレ　173
豚ねぎ鍋　35
豚の西京焼き　クレソン　りんごおろし　166
豚ばらとなすの味噌炒め　75

[ブリ]
ぶりたたき　ちり酢がけ　95
ぶりとアボカド揚げ出し　29
ぶりと長いものとんぶり和え　139
ぶりの南蛮焼き　59

[ホタテ貝]
さば、帆立、たらの芽　ミックスフライ　和風タルタル添え　104
帆立あぶり焼き　新玉ねぎピューレ　171
帆立うに焼き　63
帆立しんじょうのお椀　26

[ホタルイカ]
ほたるいかのぬた　81

[ホッキ貝]
ほっき貝あぶり　きゅうりおろし和え　158

[マグロ]
まぐろのたたき　春菊おろし和え　160

[ミカン]
カンパリみかん　193

[ミズナ]
緑野菜のお浸し　27

[ミツバ]
ささみ、根三つ葉　海苔和え　242

[メロン]
大葉シャーベット、メロン　白ワインジュレがけ　194

[モズク]
いかともずくのきゅうりジュレがけ　112
蟹もずく雑炊　19

[ユバ]
湯葉しんじょうの旨だしあんがけ　114

[リンゴ]
りんごもなか　222

[レンコン]
れんこん揚げまんじゅう　蟹あんかけ　209

『賛否両論』笠原将弘の
味づくり虎の巻
だし・たれ・合わせ調味料275
＋便利な作りおき52
＋活用料理121

初版発行　2016年9月15日
5版発行　2023年9月10日

著者©　　笠原将弘（かさはら まさひろ）
発行者　　丸山兼一
発行所　　株式会社柴田書店
　　　　　〒113-8477
　　　　　東京都文京区湯島3-26-9 イヤサカビル
　　　　　電話／営業部 03-5816-8282（注文・問合せ）
　　　　　　　　書籍編集部 03-5816-8260
　　　　　https://www.shibatashoten.co.jp

印刷・製本　シナノ書籍印刷株式会社

本書収録内容の無断掲載・複写（コピー）・データ配信等の行為は
固く禁じます。
乱丁・落丁本はお取替えいたします。

ISBN978-4-388-06247-8
Printed in Japan